챗GPT 활용 영어 공부

챗GPT 영어 영어 공부

서울과학고 영작문 수업

윤근식 지음

2022년 12월, 챗GPT를 처음 접한 순간을 잊을 수가 없습니다. 현재 챗GPT를 사용하고 계신 분이라면 다음과 같은 명령어(프롬프트)를 챗GPT의 입력창에 직접 넣어 보시길 바랍니다.

Write a 5-paragraph narrative essay about "My First Day of High School."

프롬프트를 넣고 엔터키를 치자마자 챗GPT는 완벽한 영어 문장을 사용하여 주어진 주제(고등학교에서의 첫날)에 대해 완결된 다섯 문단 에세이를 써 주었습니다. 영작문을 가르치는 교사로서 처음에는 이 새로운 기술이 재앙으로 다가왔습니다. 클릭 한 번으로 완벽한 영어 에세이를 쓸 수 있는데, 학생들이 실제로 글을 쓰려고나 할까요? 글쓰기 과제에서 선생님이 학생의 글과 챗GPT가 쓴 글을 구분할 수는 있을까요? 무엇보다 클릭 한 번에 많은 정보가 쏟아지는 시대에 교실에서 가르치고 배우는 내용들이 도대체 무슨 소용이 있을까요? 여러 가지 생각이 꼬리에 꼬리를 물었습니다. 실제로 미국의 많은 중·고등학교, 대학교의 교실에서 챗GPT 사용 금지령이 내려졌다는 뉴스가 한동안 화제가 되기도 했습니다.

첫 만남의 강렬함을 뒤로 하고 얼마간 곰곰이 생각해 보았습니다. 그러다 문득 챗GPT가 교사에게 재앙이 아니라 기회가 될 수도 있지 않을까 하는 생각이 들었습니다. 어쩌면 학생들은 24시간 자신을 도와주는 개인 영어 교사를 가지게 된 것이 아닐까요? 그것도 자신의 실력에 딱 맞는 도움을 주는 가장 개인화된 선생님으로 말입니다. 그리고 선생님도 교실에서 언제나 자신의 수업을 도와주는 최고의 수업 파트너를 만나게 된 것이 아닐까요?

챗GPT는 이제 세상의 큰 흐름이 되었습니다. 챗GPT를 통해 세상은 변화하고 있습니다. 가장 변하기 힘들 것 같던 학교 교실에서도 많은 변화가 감지되고 있습니다. 그동안 교육계의 가장 큰 숙제로 남아있었던 '개인화된 수준별 학습'이 어쩌면 가능할 수 있겠다는 희망이 보입니다. 동시에 AI 시대에서 가르치는 일과 배우는 것의 의미가 무엇인지를 재정립해야 하는 숙제도 안게 되었습니다.

이 책은 챗GPT와 함께한 서울과학고등학교 2023학년도 1학기 영작문(English Writing) 수업을 바탕으로 하고 있습니다. 단순히 챗GPT를 소개하는 것을 넘어 실제로 챗GPT가 영어 교실에서, 특히 영작문 교실에서 어떻게 활용되는지 구체적으로 보여드리려고 합니다. 또한 저와 학생들이 영작문 교실에서 사용한 다양한 프롬프트도 최대한 많이 수록하고자 노력하였습니다. 이 책이 많은 선생님들께 챗GPT를 영어 수업에 응용하는 방법에 대한 실용적인 가이드의 역할을 하기를 기대합니다. 또한 영작문을 배우는 학생들에게는 최고의 개인 영어 선생님을 만나는(그리고 그 선생님을 제대로 활용하는) 방법을 알려 주는 역할을 하기를 바랍니다. 이 지면을 빌려 한 학기 수업을 함께 해 준 서울과학고등학교 33기, 34기 학생들에게 깊은 감사의 말을 전합니다.

목차

1장

챗GPT에 대한
몇 가지 질문

챗GPT란?

챗GPT는 OpenAI에서 개발한 대화형 인공지능 모델입니다. 챗GPT의 GPT는 'Generative Pre-trained Transformer'의 약자입니다. 각각의 철자 G, P, T는 다음과 같은 의미를 가지고 있습니다.

G: Generative(생성)를 나타냅니다.

GPT는 생성형 모델로, 주어진 입력에 대해 새로운 텍스트를 생성할 수 있는 능력을 갖추고 있습니다.

P: Pre-trained(사전 훈련된)를 나타냅니다.

GPT는 대규모 텍스트 데이터로 사전 훈련을 거친 후 특정 작업을 수행하기 위해 미세 조정(Fine-tuning)을 한 모델입니다.

T: Transformer(트랜스포머)를 나타냅니다.

GPT는 Transformer 아키텍처를 사용하여 구성되었습니다. Transformer는 인간의 주의집중을 모방한 딥러닝 기법으로, 중요한 부분을 다시 참고하여 기계학습을 합니다.

따라서 GPT는 생성형 사전 훈련된 Transformer 모델을 의미합니다. 기반이 되는 Transformer 아키텍처는 2017년 구글에서 발표한 〈Attention is All You Need〉[1]라는 논문에서 처음 소개되었습니다. 조금 더 관심이 있는 분들은 이 논문 제목을 그대로 구글에서 검색해 보기 바랍니다. 내용을 완전히 이해하기는 어려울 수 있지만 전반적인 모델의 생김새는 파악할 수 있습니다.[2]

챗GPT는 GPT 모델을 기반으로 구축된 대화형 인공지능 모델로, 사람과의 대화를 모방하고 다양한 질문과 상황에 맞는 대답을 생성합니다. 특히 챗GPT는 대규모의 텍스트 데이터를 학습하여 다양한 주제와 문맥에 대한 이해력을 갖추고 있습니다. 예를 들어 일상 대화, 지식 질문, 문제 해결, 창의적인 작업 등 다양한 도메인에서 활용할 수 있습니다. 이 모델은 사용자와의 대화를 통해 질문에 답변하고 정보를 제공하며, 유사한 대화 상황에서 자연스러운 대화를 지속할 수 있습니다.

하지만 모델은 사전에 학습된 데이터를 기반으로 작동하므로, 주어진 데이터 범위 이상의 지식이나 최신 정보에 대해서는 한계가 있을 수 있습니다. 실제로 챗GPT가 사용한 모델의 학습은 2021년 9월 이전의 데이터로 이루어져 있으므로 최신 정보에 대해서는 업데이트가 이루어지지 않았을 수도 있습니다. 또한 모델이 자동으로 생성한 답변은 항상 정확하고 완벽하지는 않을 수 있으며, 사용자의 판단과 검증이 반드시 필요합니다.

---

1 Ashish Vaswani 외, 〈Attention is All you Need〉, NIPS, 2017
2 유튜브에서 'Attention is All You Need explained'를 검색하시면 해당 논문을 쉽게 설명해 주는 다양한 영상을 볼 수 있습니다. 좀 더 관심이 있으신 분들은 한번 보시면 좋겠습니다.

챗GPT를 시작하는 방법

https://chat.openai.com/에 접속하세요. 화면의 오른쪽 상단 'Sign Up' 버튼을 눌러 회원가입을 하면 됩니다.

챗GPT 회원가입 화면

정말 간단합니다! 화면 아래의 입력창 'Send a message'에 명령어 (프롬프트)를 입력하고 엔터를 치면 됩니다. 챗GPT는 이전에 했던 대화

챗GPT 명령어 입력창

를 기억할 수 있는 기능이 있습니다. 그래서 같은 맥락에서 연속된 질문을 할 수도 있습니다. 완전히 새로운 대화를 시작하고 싶다면 왼쪽 상단의 '+ New chat' 버튼을 누르면 됩니다. 현재 무료 버전은 GPT-3.5 모델을 사용하고 있습니다. 월 20달러 정도의 돈을 지불하면 챗GPT Plus로 업데이트가 되며, 좀 더 향상된 GPT-4 모델을 사용할 수 있습니다. 본 책에서는 무료 버전에서도 접근이 가능할 수 있도록 GPT-3.5 모델을 사용하였습니다. 혹시 챗GPT를 많이 사용할 예정이고, 더 빠르고 향상된 성능을 원하는 독자분들은 유료 버전을 사용하는 것도 고려할 수 있습니다.

프롬프트는 챗GPT에게 하는 질문입니다. 옆 친구에게 대화하듯이 쓸 수 있습니다. 본격적으로 시작하기에 앞서 챗GPT와 인사하며 좀 더 친해지면 좋을 것 같아요. 입력창에 다음과 같이 입력해 볼까요?

Prompt

🔵 Hello? Who are you? 안녕하세요? 당신은 누구시죠?

🌀 Hello! I'm ChatGPT, an AI language model developed by OpenAI. I'm here to provide information, answer questions, and assist with various topics you might need help with. How can I assist you today?

안녕하세요! 저는 OpenAI에서 개발한 인공지능 언어 모델 챗 GPT입니다. 저는 정보를 제공하고, 질문에 답하고, 도움이 필요할 수 있는 다양한 주제에 대해 도움을 드리기 위해 여기에 있습니다. 오늘은 무엇을 도와드릴까요?

챗GPT에게 영어로 질문을 하면 영어로 답변하고, 한글로 질문하면 한글로 답변합니다. 정말 똑똑한 친구죠? 하지만 사전 훈련된 문서가 대부분 영어라서 영어로 질문을 할 경우, 한글로 질문을 한 경우보다 좀 더 자세하고 정확한 답변을 해 준다는 사실은 꼭 알아두세요. 또한 비슷한 내용이라도 사용하는 명령어(프롬프트)에 따라 다른 결과물이 나올 수 있습니다. 그래서 좋은 프롬프트를 작성하는 것(좋은 질문을 하는 것)이 무엇보다 중요합니다.

좋은 프롬프트를 쓰는 방법

챗GPT를 사용할 때 좋은 프롬프트를 작성하는 몇 가지 원칙은 다음과 같습니다.

1. 명확하고 구체적으로 말하기

프롬프트에 요청 또는 질문을 명확하게 명시하세요. 구체적이고 간결할수록 관련 답변을 받을 가능성이 높아집니다. 모호하거나 지나치게 광범위한 프롬프트는 피하세요.

Example Can you provide me with a brief summary of the key features of the latest iPhone model?
최신 iPhone 모델의 주요 기능에 대한 간략한 요약을 제공해 주시겠습니까?

2. 맥락 제공하기

질문이나 요청에 배경 정보나 맥락이 필요한 경우 프롬프트에 해당 정보를 포함하세요. 이렇게 하면 챗GPT가 문맥을 이해하고 더 정확하고 맞춤화된 답변을 제공하는 데 도움이 됩니다.

Example

I'm planning a trip to Tokyo next month. Could you suggest some popular tourist attractions and best places to eat in the city?

다음 달에 도쿄 여행을 계획하고 있습니다. 도쿄의 인기 관광 명소와 맛집을 추천해 주시겠어요?

3. 원하는 형식 지정하기

응답의 유형이나 형식에 대한 기본 설정이 있는 경우 프롬프트에 이를 언급하세요. 이렇게 하면 모델이 적절한 응답을 생성하는 데 도움이 됩니다.

Example

Please list three advantages and two disadvantages of using solar energy for residential purposes.

주거용으로 태양 에너지를 사용할 때의 장점 세 가지와 단점 두 가지를 나열하세요.

4. 모델에게 단계별로 생각하거나 장단점에 대해 토론하도록 요청하기

챗GPT가 질문을 통해 추론하거나 다른 관점을 고려하도록 하려면 특정 주제에 대해 단계별로 생각하거나 찬성과 반대의 논거를 제시하도록 명시적으로 요청하세요.

Example   Can you outline the steps involved in setting up a personal budget? Please explain each step in detail.

개인 예산을 설정하는 단계에 대해 설명해 주시겠어요? 각 단계를 자세히 설명해 주세요.

5. 맥락 또는 페르소나 설정하기(역할 부여하기)

대화를 더욱 흥미롭게 만들기 위해 챗GPT가 채택할 컨텍스트 또는 페르소나를 지정할 수 있습니다. 가상의 캐릭터, 특정 분야의 전문가 또는 기타 적합하다고 생각되는 역할이 될 수 있습니다.

Example   Imagine you are a historian specializing in World War II. Can you provide insights into the major events that led to the Allied victory?

여러분이 제2차 세계대전을 전문으로 연구하는 역사가라고 가

정해 보세요. 연합군의 승리를 이끈 주요 사건에 대한 통찰력을
제공할 수 있나요?

(Example) I want you to act as an English teacher and give
me feedback to improve my essay.
영어 선생님 역할을 해 주시고 에세이를 개선할 수 있도록 피드
백을 주셨으면 합니다.

영어 공부에 유용한
챗GPT 확장 프로그램 소개

확장 프로그램은 한마디로 챗GPT의 기능을 확장하기 위해 사용자 정의 명령어나 기능을 추가한 프로그램입니다. 확장 프로그램을 통해 챗GPT의 다양한 기능을 좀 더 쉽게 사용할 수 있습니다. 영어 공부에 가장 유용한 몇 가지 확장 프로그램을 소개하겠습니다.

1. 프롬프트 지니

프롬프트 지니

앞에서 말씀드렸듯이 챗GPT에게는 영어로 질문할 때 더 좋은 결과 물을 보여 줍니다. 프롬프트 지니는 한글로 쓴 프롬프트를 자동으로 영 어로 바꾸어 주고, 답변도 한글로 번역해 주는 번역기입니다. 구글에 프롬프트 지니라고 검색한 후 크롬(Chrome)에 추가 버튼을 누르면 사용할 수 있습니다.

AIPRM

챗GPT에게 좋은 결과물을 받아보려면 좋은 프롬프트를 입력해야 합니다. 그런데 처음부터 수준 높은 프롬프트를 만들어 내는 것은 결코 쉽지 않습니다. 특정 맥락에서 좋은 프롬프트를 만들어 내기 위해서는 해당 분야에 대한 전문 지식과 함께 프롬프트 엔지니어링(Prompt Engineering)에 대한 숙련도가 필요합니다.

AIPRM은 전문가가 제작한 프롬프트를 손쉽게 사용할 수 있도록 모아둔 곳입니다. 초보자들도 전문가가 생성하고 검증한 프롬프트를 쉽게 활용할 수 있습니다. 다른 확장 프로그램과 마찬가지로 구글에 AIPRM이라고 검색하고 크롬에 추가하면 사용할 수 있습니다.

AIPRM이 성공적으로 설치되었다면 검색창에 'English' 혹은 'Learning English', 'English Essay'와 같은 키워드를 넣어 보세요. 전문가들이 만든 놀라운 프롬프트들을 많이 보실 수 있을 겁니다. 저는 개인적으로 'Essay Grader'라는 프롬프트가 굉장히 신기하고 마음에 들었습니다. 이 프롬프트에 에세이를 넣으면 자동으로 채점을 하고, 이유를 제시해 줍니다. 에세이 평가에 전적으로 의존할 수는 없겠지만,

자신의 에세이를 한 번 평가해 본다는 가벼운 마음으로 이용해 보면 좋을 것 같습니다. 에세이 평가 및 채점과 관련해서는 이후 좀 더 자세하게 다루겠습니다.

3. Talk-To-ChatGPT

Talk-To-ChatGPT

마지막으로 알아볼 확장 프로그램은 Talk-To-ChatGPT입니다. 챗GPT는 글자 기반(Text-Base)이라 영어 말하기와 듣기를 학습하기가 어렵습니다. Talk-To-ChatGPT는 이런 불편을 해소하기 위해 제작된 확장 프로그램입니다. 음성 인식 및 텍스트 음성 변환 기술을 사용하여 마이크를 통해 챗GPT와 대화하고 음성으로 응답을 들을 수 있습니다. 사용하려면 구글에서 Talk-To-ChatGPT를 검색하고 크롬에 추가합니다.

성공적으로 추가되었다면 챗GPT 홈페이지를 열 때 페이지 오른쪽 상단에 아래와 같은 상자가 생성되어 있을 것입니다.

마이크가 준비되었다면 바로 'START' 버튼을 클릭하여 시작할 수 있습니다. 추가로 그림에서 네모로 표시된 우측 상자를 누르면 'Talk-to-ChatGPT settings'에 들어가게 됩니다. 여기서 언어, 속도, 음조 등 설정도 조정할 수 있습니다. 자세한 사용법은 유튜브에서 'Talk-

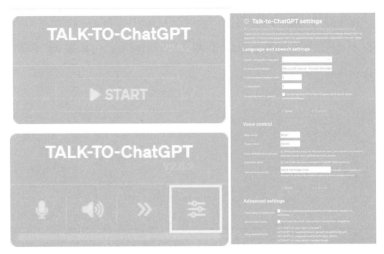

Talk-To-ChatGPT 추가 페이지

to-ChatGPT 사용법'을 키워드로 검색하시면 됩니다. 챗GPT를 이용해 영어 듣기 말하기 연습을 하고 싶은 분들은 꼭 한번 사용해 보시기를 권장합니다.

영작문 수업에 특히 유용한
인공지능 도구

1. Grammarly

Grammarly 화면

Grammarly[3]는 영어 작문 및 문법 교정을 위한 인공지능 기반 온라인 교정 도구입니다. 사용자의 작문을 분석하고, 문법 오류, 맞춤법 실수, 문체 및 표현상의 개선 사항을 식별하여 제안해 줍니다. 우리 영작문 교실에

---

3 https://www.grammarly.com

서는 글쓰기 마지막 단계에서 Grammarly 프로그램을 활용하였습니다.

2. Quillbot

Quillbot 화면

Quillbot[4]은 인공지능 기반의 글쓰기 도구로, 문장을 다양한 방식으로 재구성하여 더 나은 문장을 생성하는 데 도움을 주는 프로그램입니다. 특히 Quillbot은 입력된 문장을 좀 더 유창하게(Fluency), 공식적으로(Formal), 간단하게(Simple), 길게(Expand), 혹은 창의적으로(Creative) 써 주기도 합니다. 이를 통해 원문의 의미를 유지하면서 작문을 다양하고 풍부한 문체로 개선할 수 있습니다. 또한 사용자가 입력한 문장이나 문단을 분석하여 유의미하고 문법적으로 정확한 대체 문장을 제시하여 작문을 개선할 수 있도록 지원합니다.

---

4 https://quillbot.com

3. DeepL

DeepL 화면

DeepL[5]은 2017년 출시된 인공지능 기반의 기계 번역 서비스로, 원하는 언어 간의 번역을 빠르고 정확하게 수행해 줍니다. DeepL은 대량의 언어 데이터와 인공신경망(Neural Network)을 사용하여 문장 수준에서 번역을 수행하며 번역의 문맥을 이해하고 자연스러운 번역을 생성합니다. 현재 DeepL은 현재 스물여섯 개 이상의 언어 번역을 지원하며, 주요 유럽 언어뿐만 아니라 중국어, 일본어, 한국어 등 다양한 언어로 번역할 수 있습니다. 저는 개인적으로 이제까지 사용해 본 모든 번역기 중 DeepL이 가장 좋은 성능을 내는 것 같아 번역이 필요한 경우 애용하고 있습니다. 본 책에서 모든 영-한 번역은 이 DeepL 프로그램을 이용하였습니다.

---

5 https://www.deepl.com

2장

챗GPT와 함께하는
명작문 수업을 시작하며

챗GPT 시대, 영작문 수업의 의미

20년 전, MS-Word에 맞춤법 검사 기능이 처음 도입되었습니다. 당시로선 정말 혁신적인 일이었습니다. 다만 그와 동시에 많은 선생님들이 이 혁신적인 기능의 부작용에 대해 걱정했습니다. 학생들이 스펠링 체크 기능에 지나치게 의존하여 올바른 철자를 알려는 노력조차 하지 않을 수 있다는 걱정이었습니다. 심지어 몇몇 선생님은 이런 기능을 '커닝'으로 간주해야 한다고 말씀하시기도 했습니다.

하지만 지금은 어떤가요? 한때 커닝을 위한 도구로 의심받았던 이런 스마트 도구들은 이제 완성도 있는 글쓰기를 위한 필수 도구가 되었습니다. 실제로 온라인 문법 검사기와 관련한 연구에서 문법 검사 기능이 학생들에게 문법에 대한 즉각적인 피드백을 제공하고 있으며, 학생들은 그 피드백을 받아들이고 있다는 것이 밝혀졌습니다.[6] 다시 말하면 학생들은 (많은 선생님이 염려했던 것처럼) 아무런 생각 없이 맞춤법 검사

---

6 양혜진, 〈Efficiency of Online Grammar Checker in English Writing Performance and Students' Perceptions〉, 숙명여자대학교, 2018.

버튼을 클릭만 하는 것이 아니라 피드백을 통해 실제로 배우고 있다는 것입니다.

우리는 (선생님과 학생들을 포함해서) 이미 글쓰기에 AI를 사용하고 있습니다. 앞서 언급한 맞춤법 검사 소프트웨어도 머신러닝과 패턴인식과 같은 AI 기술을 바탕으로 하고 있습니다. 이런 기능은 최근 딥러닝과 자연어 처리 기술의 눈부신 발전과 맞물려 더욱 정교화되고 있습니다. 이제는 잘못 사용된 단어를 점검하는 수준을 넘어 단어가 사용된 문맥상의 오류까지 감지할 수 있는 수준에 와 있습니다.

다른 예를 하나 더 살펴볼까요? 우리가 잘 인지하지 못할 수 있지만 구글의 자동 완성 기능도 우리의 글쓰기를 도와주고 있습니다. 구글에서 영어로 자료를 검색할 때를 생각해 보세요. 우리가 찾고 싶은 키워드 몇 개만 적어도 구글은 자동 완성 기능을 통해 검색 범위를 크게 좁혀줍니다. 또한 지메일(Gmail)을 작성할 때는 어떤가요? 구글은 이미 작성된 앞 단어를 통해 뒤에 나올 단어를 유추하여 자동으로 가장 나은 표현을 제안해 주기도 합니다.

사실 학생들은 이미 구글 번역기, 네이버 파파고, DeepL, Quillbot, Grammarly 등을 통해 글쓰기 전 과정에서 더 발전된 AI를 적극적으로 활용하고 있습니다. 한때 부정행위로 간주되었던 많은 스마트 학습 도구들이 이제는 학생들의 작문 과정 전반에 많은 활력을 불어넣고 있는 것입니다.

하지만 독자 여러분은 교실에서 맞춤법 검사 소프트웨어를 사용하는 것과 챗GPT를 사용하는 것은 완전히 다른 것이 아니냐고 반문하실 수 있습니다. 네, 맞습니다. 챗GPT는 완전히 새로운 산출물을 '생성'해 주니까요. 챗GPT는 인간의 두뇌를 모방한(여러 계층의 신경망을 활용한) 딥러닝 알고리즘을 바탕으로 하는 기술입니다. 방대한 양의 데이터 세트를 학습하여 명시적으로 프로그래밍이 되지 않은 것도 예측하고, 새로운 아이디어나 글을 생성할 수도 있습니다. 챗GPT와의 대화가 인간과의 대화와 같이 느껴지는 것도 바로 이 때문입니다. 따라서 이 시점에서 우리는 챗GPT를 글쓰기 학습 도구로 활용하는 방법에 대해 보다 깊이 생각해 보아야 합니다. 두 가지 측면에서 살펴보죠.

첫 번째 측면
공포심과 양자택일에서 벗어나기
– 블렌디드 방식으로

먼저 우리는 AI 도구들이 글쓰기 교실을 점령하여 학생들의 글쓰기 능력을 현저히 떨어뜨린다는 막연한 공포심에서 벗어날 필요가 있습니다. 글을 쓰는 과정이나 방식은 시대가 바뀌며 변화할 수 있지만 글을 쓰는 행위 자체가 없어지지는 않습니다. 책을 쓰고 있는 저는 지금 컴퓨터 앞에 앉아 있습니다. 과거처럼 종이와 펜을 쓰지는 않지만 여전히 글을 '쓰고 있다'는 사실에는 변함이 없습니다. 우리는 발전된 도구를 더 잘 사용하면 되는 것입니다.

또한 우리는 완전히 대립하는 두 가지 입장(수업에서 AI 도구를 완전히 허용해야 한다는 입장과 교실에서 AI를 완전히 차단해야 한다는 입장) 사이에서 하나의 선택을 강요하는 양자택일 방식에서도 벗어나야 합니다. 대신 수업에서 AI를 현명하게 사용하여 학습자의 학습을 향상시키는 동시에 AI가 가질 수 없는 인간적인 요소에 좀 더 중점을 두는 접근이 필요합니다. 우리는 이를 인간-AI 블렌디드 방식(Blended Approach)이라고 부르겠습니다. 학생들은 챗GPT와 같은 AI 도구를 통해 새로운 아이디어를 창출하거나, 챗GPT의 생성물을 시작점으로 자신만의 아이디어를 결합하여 더욱 훌륭한 결과물을 산출할 수 있습니다. 이 지점에서 우리는 AI를 현명하게 사용하는 방법을 아는 것이 더욱 중요해집니다. AI가 강점을 보이는 분야가 무엇인지 정확하게 인지하고 특정 맥락에서는 적극적으로 AI의 도움을 받을 필요가 있습니다. 하지만 인간의 감성과 창의성, 그리고 공감의 어조가 필요한 학습 공간에서는 인간의 지능이 반드시 인공지능 위에 더해져야 한다는 사실도 알고 있어야 합니다. 즉 우리는 교실에서 인간의 지능과 인공지능 사이를 유연하게 오고 갈 수 있어야 합니다.

두 번째 측면

우리는 무엇을 허용하고
무엇을 허용하지 않아야 하는가?

인간과 AI의 유연한 상호작용을 강조하는 블렌디드 접근 방식을 실제 글쓰기 교실에서 적용할 때 우리는 다음과 같은 질문에 필연적으로 맞닥뜨리게 됩니다. 우리는 대체 무엇을 허용하고 무엇을 허용하지 않아야 하는가? 다시 말해, 우리는 챗GPT와 같은 AI 도구들을 글쓰기 과정의 어느 정도까지 허용해야 할지에 대한 숙고가 필요합니다. 사실 이 부분은 이번 학기 영작문 교실에 챗GPT를 도입하며 제가 가장 고민했던 지점이기도 합니다.

저는《교과서가 사라진 교실》[7]의 저자 맷 밀러가 제시하는 기준을 소개하고자 합니다. 먼저, 밀러는 AI를 교육에 접목할 때 허용할 것과 허용하지 않을 것을 명확히 판단할 기준이 필요하다고 강조하고 있습니다. 그리고 이런 기준을 만들기 위해 교실 내 AI 도구 사용 정도에 따라 부정행위와 표절에 대한 판단 기준을 연속선상에서 제시하고 있습니다. 독자 여러분은 아래에 제시된 여섯 항목[8] 중 어디까지가 부정행위 혹은 표절이라고 생각하세요?

① 학생이 AI에 프롬프트를 통해 답변을 생성하고 그것을 그대로 복사하여 교사에게 제출함.
② 학생이 AI를 통해 생성된 답변을 읽고, 수정하고, 조정한 후 제출함.
③ 학생이 여러 개의 AI 답변을 생성하고, 그중 가장 좋은 부분을 사

7 맷 밀러, 《교과서가 사라진 교실》, 방현진 역, 지식프레임, 2018
8 Matt Miller, 〈ChatGPT, Chatbots and Artificial Intelligence in Education〉, 2022.12.17, https://ditchthattextbook.com/ai/#tve-jump-18606008967

용하여 편집한 후 제출함.

④ 학생이 주요 아이디어를 쓰고 AI는 이를 바탕으로 초안을 생성하고 개선을 위한 피드백을 제공함.

⑤ 학생이 인터넷/AI를 참조하여 아이디어를 얻은 후 직접 작성 및 제출함.

⑥ 학생이 모든 과제 콘텐츠를 AI나 인터넷에 문의하지 않고 직접 작성함.

밀러의 정의에 따르면 부정행위는 일반적으로 학생이 부당한 이득을 취하기 위해 자신이 이해하거나 할 수 있는 것을 잘못 표현하는 부정직한 행동을 하는 경우를 말합니다. 반면 표절은 학생이 실제로는 자신의 작품이 아닌데도 어떤 유형의 작품을 자신의 창작물인 것처럼 표현하는 경우를 말합니다. 하지만 이 질문에 대답은 사전적인 정의보다는 '부정행위' 혹은 '표절'에 대한 우리의 직관에 크게 의존할 것 같습니다.

우선 챗GPT가 써준 에세이를 그대로 제출하는 경우입니다. 직관적으로 이것은 명백히 부정행위나 표절로 간주될 수 있습니다. 하지만 학생이 챗GPT를 통해 생성된 글을 읽고 수정, 편집하여 제출하는 것은 부정행위나 표절이라고 할 수 있을까요? 사실 이에 대한 답은 교사별로도 다를 뿐 아니라 글쓰기 과제 유형에 따라서도 다를 수 있습니다.

예를 들어 블로그에 자신이 좋아하는 가수에 대한 소개글을 쓰는 것을 생각해 보겠습니다. 챗GPT가 그 가수에 대해 써 준 다양한 글을 자신의 관점에서 수정하고 편집하여 글을 완성하는 것도 나쁘지 않다고 생각합니다. 하지만 자신의 주장이 담긴 다섯 문단의 에세이를 쓰는 것은 어떨까요? 챗GPT가 생성한 여러 글을 짜깁기하는 것은 분명히 문제가 될 수 있습니다. 그래서 AI를 어느 정도까지 글쓰기에 허용할 것인지(혹은 자신의 글쓰기에 적용할 것인지)는 쓰기 과제 유형에 따라 모두 다를 수 있습니다.

자, 그렇다면 영어 에세이를 쓰는 우리 영작문 수업에서는 AI를 어느 정도까지 허용해야 할까요? 사실 에세이 장르별로도 조금씩 다를 수 있겠지만 저는 우리 수업에서는 '주요 아이디어를 학생이 직접 산출하고 AI는 이를 바탕으로 개선을 위한 피드백을 제공하는' 방법을 선택했습니다. 특히 서술 에세이(Narrative Essay) 쓰기에서 아이디어의 독창성은 무엇보다 중요합니다. 자신의 개성이 들어가지 않은 글은 이름만 바꾸면 모두의 글이 될 수 있기 때문입니다. 글은 자신의 가장 개인적인 아이디어를 시작점으로 하여야 합니다. 그리고 우리는 그 바탕 위에서 다양한 AI 도구의 도움을 받을 수 있습니다.

챗GPT와 같은 AI 도구들이 언제 학습 도구가 되고 언제 부정행위가 되는지에 대한 절대적인 기준은 존재하지 않습니다. 하지만 중요한 것은 우리가 다양한 글쓰기 맥락에서 이 질문을 끊임없이 던져야 한다는 점입니다. 그리고 이런 질문을 통해 AI를 글쓰기에 어느 정도 혼합할지에 대해 학습 구성원들과 공감대와 합의를 이루어야 합니다.

챗GPT를 활용한 영어 글쓰기 과정

이제 영어 에세이 쓰기 과정에서 인간-AI 블렌디드 학습이 어떻게 이루어질 수 있는지 간략히 살펴보겠습니다.

글쓰기 전 과정
아이디어 생성하기, 아이디어 조직하기, 아이디어 확장하기

먼저 학생들은 챗GPT를 통해 각 장르에 맞는 글쓰기 주제들을 추천받을 수 있습니다. 다음과 같은 프롬프트를 통해 각 에세이 장르에 맞는 다양한 주제들을 살펴볼 수 있습니다. 밑줄 친 부분에 Narrative Essay(서술 에세이), Descriptive Essay(묘사 에세이), Expository Essay(설명 에세이), Argumentative Essay(논증 에세이) 등 다양한 에세이 장르를 넣어보세요. 다양한 에세이 장르에 대해서는 이후 본격적으로 다루겠습니다.

Recommend me good topics for a compare and contrast essay.

비교-대조 에세이에 좋은 주제 추천해 주세요.

주제가 정해졌다면 학생들은 챗GPT에게 관련 주제에 대한 다양한 질문을 던지며 배경지식을 쌓을 수 있습니다. 이때 핵심적인 부분은 주제에 대해 이미 내가 아는 것이 무엇인지 그리고 무엇을 더 알아야 하는지를 파악하는 것입니다. 챗GPT 시대에 중요한 점은 많은 지식을 갖고 있는 것이 아니라(지식이라면 챗GPT가 훨씬 더 많이 가지고 있습니다), 내가 무엇을 원하고 무엇을 모르는지 정확히 알고, 모르는 것을 채우기 위한 좋은 질문을 하는 것입니다. 예를 들어 보겠습니다. 만약 역사에 관심이 많은 학생이 제1차 세계대전과 제2차 세계대전을 비교 대조하는 에세이를 쓰기로 마음먹었다면 다음과 같이 비교-대조 에세이에 대한 아이디어를 요청할 수도 있을 것입니다.

I am going to write a compare and contrast essay about World War I vs. World War II: Explore the causes, impact, and outcomes of these two major global conflicts. I want you to brainstorm ideas for this essay.

저는 제1차 세계대전과 제2차 세계대전에 대한 비교 대조 에세이를 쓰려고 합니다. 이 두 가지 주요 세계 분쟁의 원인, 영향, 결과를 탐구해 보세요. 이 에세이에 대한 아이디어를 브레인스토밍해 주세요.

만약 챗GPT가 알려주는 정보 중에 자신이 잘 이해하지 못하는 것이 있다면 다음과 같이 추가 설명을 요청할 수도 있습니다.

> Prompt

👤 Can you explain more about 'Rise of fascism and totalitarian ideologies' in Europe.

유럽에서 '파시즘과 전체주의 이데올로기의 부상'에 대해 자세히 설명해 주세요.

결국 학생들은 주제에 대해 적절한 질문을 만들고 이를 챗GPT에 입력하여 답을 찾는 방식으로 주제에 대한 배경지식을 늘릴 수 있습니다. 이를 통해 자신의 아이디어를 확장하고 글감이 될 수 있도록 아이디어를 정교하게 다듬을 수 있을 것입니다. 다시 강조하자면 블렌디드 접근법에서 학생들이 가져야 하는 가장 중요한 역량은 좋은 질문을 던지는 능력입니다.

개요 작성하기, 수정 및 편집하기

주제를 탐색하는 단계를 넘어 본격적인 글쓰기 단계에서도 챗GPT의 도움을 받을 수 있습니다. 챗GPT와의 소통을 통해 얻은 아이디어를 바탕으로 글을 쓰기 위한 에세이 개요(Outline)를 요청할 수도 있습니다. 물론 챗GPT가 생성해준 개요가 마음에 들지 않을 경우에는 얼마든지 추가로 수정을 요청할 수 있습니다.

Prompt

I am writing a 5-paragraph expository essay about World War I vs. World War II: Explore the causes, impact, and outcomes of these two major global conflicts. I want you to write an essay outline. Each body paragraph contains the contrasts of the causes, impact, and outcomes of two World Wars.

저는 제1차 세계대전과 제2차 세계대전과 두 가지 주요 세계 분쟁의 원인, 영향 및 결과를 탐구하는 다섯 문단의 설명 에세이를 쓰고 있습니다. 에세이 개요를 작성해 주세요. 각 본문 문단에는 두 세계대전의 원인, 영향 및 결과를 대조하는 내용이 포함되어 있습니다.

또한 실제로 글을 작성한 이후(초안 작성 이후) 학생들은 친구나 선생님의 피드백과 함께 챗GPT의 피드백도 받을 수 있습니다. 챗GPT 프롬프트 입력창에 에세이를 직접 입력하고 다양한 프롬프트를 사용하여 구체적인 피드백을 요청하는 것입니다. 문법에 맞게 문장을 수정하거나 다양한 단어 선택을 통해 글의 생동감을 높일 수도 있습니다. 또한 연결사를 활용하여 글을 좀 더 응집력 있게 만들 수도 있고 글을 좀 더 격식있게 혹은 유창하게 분위기를 바꿀 수도 있습니다. 아래의 프롬프트를 살펴보세요. 제시된 프롬프트는 실제 저희 영작문 교실에서 모두 직접 사용해 본 것들입니다. 프롬프트에 대한 자세한 내용은 뒤에서 좀 더 다루겠습니다.

Prompt

Make the paragraph visually clear.

문단을 시각적으로 명확하게 만드세요.

Prompt

Fix grammar errors or change words to more vivid and complicated ones.

문법 오류를 수정하거나 단어를 더 선명하고 복잡한 단어로 바꾸세요.

Make the paragraph below more effectively while unchanging the story.

이야기는 바꾸지 않으면서 아래 문단을 더 효과적으로 만드세요.

Find grammatical errors in following paragraph, and improve my paragraph.

다음 문단에서 문법 오류를 찾아서 내 문단을 개선하세요.

Can you make the sentences seem more connected for the paragraph below?

아래 문단에서 문장을 더 연결성 있게 만들 수 있나요?

Can you make my descriptive paragraph more interesting, connecting the sentences more naturally?

묘사 문단을 더 흥미롭게 만들고 문장을 더 자연스럽게 연결할 수 있나요?

Prompt

How can I make my argumentation better?

어떻게 하면 더 좋은 논증을 할 수 있을까요?

Prompt

What are some changes I could do to make the essay flow more smoothly?

에세이의 흐름을 더 원활하게 만들기 위해 어떤 점을 변경할 수 있을까요?

여기서 가장 주의할 점은 챗GPT의 피드백을 실제로 자신의 글에 적용할지를 최종 결정하는 것은 에세이 작성자 본인이라는 점입니다. 프롬프트 하나로 글이 마법처럼 바뀌며 완벽해지지는 않습니다. 결국 챗GPT가 생성하는 다양한 피드백을 자신의 글에 맞춰 취사선택할 수 있는 능력이 필요합니다. 본인 글의 주인은 바로 자신입니다.

지금까지 챗GPT 시대의 글쓰기와 인간-AI 블렌디드 접근 방식에 대해 간단히 알아보았습니다. 현재 종이와 펜이 아니라 컴퓨터를 통해 글을 쓰는 것이 너무나 당연해진 것처럼, 머지 않은 미래에는 챗GPT와 같은 AI 도구를 통해 글을 쓰는 것이 매우 자연스러운 일이 될 것입니다. 그리고 이런 시대에 맞춰 영작문 수업도 끊임없이 변화해야 할 것입니다. 이제 본격적으로 수업을 시작하겠습니다.

3장

챗GPT와 함께하는
명작문 수업

챗GPT와 함께
문단 쓰기

어떻게 하면 영어로 글을 잘 쓸 수 있을까요? 참 어려운 질문입니다. 제가 영작문 수업을 진행하며 학생들로부터 가장 많이 받았던 질문이기도 합니다. 그렇다면 질문을 조금 더 좁혀 영어 에세이 쓰기로 한정해 봅시다. 어떻게 하면 영어 에세이를 잘 쓸 수 있을까요? 에세이는 여러 문단으로 이루어져 있으니(대개 에세이는 대여섯 문단으로 이루어집니다) 영어로 문단을 잘 쓰는 것이 무척 중요합니다. 그렇다면 다음과 같은 질문을 하실 겁니다. 어떻게 하면 문단을 잘 쓸까요? 당연히 좋은 문단을 쓰려면 좋은 문장을 써야 하고 그 문장을 적당한 곳에 잘 배치해야 합니다. 우리 영작문 수업은 문단 쓰기에서부터 시작합니다. 좋은 에세이는 좋은 문장으로 이루어진 좋은 문단에서 시작되기 때문입니다. 이제 문단이 무엇인지 살펴보고 실제로 한 문단을 직접 써 보겠습니다.

문단의 정의, 특징 그리고 구성요소

도대체 문단은 무엇일까요? 챗GPT에게 다음과 같이 물어보겠습니다.

Prompt

👤 문단이 뭐죠?

🔘 문단이란 하나의 핵심 아이디어나 주제와 관련된 한 개 이상의 문장으로 구성된 글쓰기의 단위입니다. 잘 쓰인 문단은 대개 주제 문장, 부연 설명 문장, 그리고 결론 문장으로 구성됩니다. 주제 문장은 문단의 주요 아이디어를 소개하며, 부연 설명 문장은 주제 문장을 뒷받침하는 세부 정보, 예시 또는 설명을 제공합니다. 결론 문장은 문단의 핵심 내용을 요약하거나 다음 문단으로 전환시킵니다. 좋은 문단은 에세이에서 이메일까지 모든 글쓰기에서 중요하며, 논리적이고 일관성 있는 방식으로 정보를 전달하는 데 도움이 됩니다.

챗GPT의 대답에서 보았듯이 문단은 글을 작성할 때, 논리적인 구조와 의미 단위를 형성하는 텍스트의 가장 기본적인 단위입니다. 보통 하나의 주제나 아이디어를 다루며, 주제와 관련된 여러 문장으로 이루어집니다. 보통 영작문 첫 시간에는 문단의 개념이나 특성을 파악하고 문단을 구성하는 다양한 요소를 알아봅니다. 먼저, 문단의 특성에 대해서 좀 더 살펴보겠습니다. 챗GPT에 아래와 같은 프롬프트를 한번 입력해 보겠습니다.

👤 문단의 특징을 말해 주세요.

💬 문단의 특징은 다음과 같습니다:

1. 일치성(Unity): 문단은 하나의 주제나 아이디어에 집중해야 하며, 문장들은 해당 아이디어와 관련이 있어야 합니다.

2. 일관성(Coherence): 문장들은 논리적으로 연결되어 하나의 주제를 명확하게 전달해야 합니다.

3. 주제 문장(Topic Sentence): 좋은 문단은 명확하고 간결한 주제 문장으로 시작해야 합니다. 이는 해당 문단의 핵심 아이디어를 설명해야 합니다.

4. 부연 설명 문장(Supporting Sentences): 주제 문장은 하나 이상의 문장으로 구체화되어야 하며, 예시, 상세 정보, 설명 등을 제공해야 합니다.

5. 전환어나 구(Transition Words or Phrases): 문장 간의 매끄러운 전환을 위해 전환어나 구를 사용해야 합니다. 이는 문장 간의 관계를 보여 주는 역할을 합니다.

6. 길이(Length): 문단은 핵심 아이디어를 전달할 충분한 길이를 가져야 하지만, 너무 길어서는 안 됩니다. 이는 독자의 관심을 잃게 하거나 혼란스럽게 할 수 있습니다.

7. 일관성(Consistency): 문단의 어조와 스타일은 일관성 있어야 하며, 새로운 아이디어나 주제가 등장하는 경우 새로운 문단에서 소개되어야 합니다.

챗GPT는 문단이 가지는 특성을 일곱 가지의 키워드를 통해 알려 주고 있습니다. 이에 덧붙여 문단을 구분하는 가장 대표적인 형식적인 특성은 들여쓰기입니다. 보통 스페이스 키를 활용하여 한두 칸 정도 비우기도 하고, 키보드의 탭(Tap)키를 활용하여 일곱 칸 들여쓰기를 하기도 합니다. 또한 문단의 길이는 다섯에서 일곱 문장 정도가 적당합니다. 너무 짧은 문단은 내용 전달이 부족할 수 있고, 너무 긴 문단은 독자의 집중도를 떨어뜨릴 수 있습니다.

문단에서 가장 중요한 문장을 주제 문장(Topic Sentence)이라고 하는데요, 보통 문단의 첫 문장을 주제 문장으로 시작하는 경우가 많습니다. 이를 통해 독자가 문단의 중심 내용을 쉽게 파악할 수 있습니다. 그리고 문단의 마지막 문장은 보통 결론 문장(Concluding Sentence)으로 마무리합니다. 결론 문장은 문단의 전체 내용을 마무리하고, 독자에게 마지막으로 전달하고자 하는 메시지를 강조하는 역할을 합니다. 이는

문단의 구성
주제 문장
⇩
주제에 관한 세부적인 사실이나 정보
⇩
결론 문장

독자에게 글의 요지를 다시 한번 상기시키고, 글의 목적을 강조하여 독자가 글에서 얻고자 하는 정보를 더욱 명확하게 전달합니다. 잘 작성된 결론 문장은 글의 완성도를 높이는 중요한 역할을 합니다.

위의 표처럼 문단은 주제와 관련 있는 여러 문장으로 이루어져 있으며, 크게 주제 문장 –〉 중심 아이디어를 뒷받침하거나 구체화하기 위해 사용되는 세부적인 사실이나 정보 –〉 결론 문장으로 이루어져 있습니다. 이제부터 챗GPT와 함께 문단의 여러 구성요소를 조금 더 자세히 살펴보겠습니다. 먼저 문단을 하나 생성하겠습니다.

Prompt

Write a narrative paragraph about 'Spring and coffee'.
'봄과 커피'에 대한 서술 문단을 작성해 주세요.

저는 해당 프롬프트를 통해 '봄과 커피'를 주제로 한 서술 문단

(Narrative Paragraph)⁹을 써달라고 요청했습니다. 제가 지금 화창한 봄날에 카페에 앉아 커피를 마시며 이 글을 쓰고 있기 때문입니다. 챗 GPT가 어떤 글을 써 줄지 기대가 됩니다.

Spring and coffee are a perfect match. There's something about the warm sunshine and the fresh, crisp air that makes a cup of coffee taste even better. I love to sit outside on a quiet morning, with a book in hand and a steaming cup of coffee on the table in front of me. As I take a sip, I can feel the warmth spreading throughout my body, and I feel invigorated and ready to start the day. The aroma of the coffee blends with the sweet fragrance of blooming flowers, creating a sensory experience that is both calming and energizing. Even as the day warms up and the sun gets stronger, a cup of iced coffee provides the perfect refreshing pick—me—up. Spring and coffee go hand in hand, and I can't imagine one without the other.

봄과 커피는 완벽한 조화를 이룹니다. 따스한 햇살과 신선하고 상쾌한 공기가 커피 한 잔의 맛을 더욱 좋게 만드는 무언가가 있습니

9 서술 문단은 작가가 자신의 이야기를 전하거나 개인적인 경험을 보여 줍니다. 다른 글쓰기 장르로는 묘사 문단, 설명 문단, 주장 문단이 있습니다.

56

다. 저는 조용한 아침 야외에 앉아 책 한 권을 손에 들고 김이 모락모락 나는 커피 한 잔을 테이블 앞에 놓는 것을 좋아합니다. 한 모금 마시면 온몸에 따뜻한 기운이 퍼지는 것을 느낄 수 있고, 하루를 시작할 준비가 된 기분이 들어요. 커피 향이 활짝 핀 꽃의 달콤한 향기와 어우러져 마음을 안정시키고 활력을 불어넣는 감각적인 경험을 선사합니다. 날이 따뜻해지고 햇볕이 강해지더라도 아이스커피 한 잔은 완벽한 상쾌함을 선사합니다. **봄과 커피는 서로 밀접한 관련이 있으며, 둘 중 하나가 없는 것은 상상할 수 없습니다.**[10]

프롬프트를 입력하자마자 챗GPT는 '봄과 커피'에 관한 개인적인 감상을 담은 서술 문단을 작성합니다. 첫 문장은 문단 전체 내용의 핵심을 보여 주는 주제 문장입니다. 그리고 마지막 문장은 문단 전체를 잘 요약한 결론 문장입니다. 문단의 핵심을 보여 주는 좋은 주제 문장을 사용하였고, 주제 문장 이후 제시된 문장들은 봄날과 커피와 관련된 개인적인 경험을 잘 보여 주고 있으며, 마지막 결론 문장 역시 문단을 잘 요약한 아주 좋은 문단이라고 평가할 수 있습니다. 대단합니다!

이제 챗GPT와 함께 문단의 주제 문장과 결론 문장 쓰기를 연습해 보겠습니다. 앞선 문단에서 첫 문장인 주제 문장을 삭제하고 다음과 같은

---

10 영문 결과에 대한 모든 한글 번역은 deepl.com을 활용하였습니다.

프롬프트를 넣어 보겠습니다.

Prompt

Write a brief and good topic sentence below paragraph.
아래 문단에 간단하고 좋은 주제 문장을 작성해 주세요.

_____. There's something about the warm sunshine and the fresh, crisp air that makes a cup of coffee taste even better. I love to sit outside on a quiet morning, with a book in hand and a steaming cup of coffee on the table in front of me. As I take a sip, I can feel the warmth spreading throughout my body, and I feel invigorated and ready to start the day. The aroma of the coffee blends with the sweet fragrance of blooming flowers, creating a sensory experience that is both calming and energizing. Even as the day warms up and the sun gets stronger, a cup of iced coffee provides the perfect refreshing pick—me—up. Spring and coffee go hand in hand, and I can't imagine one without the other.

챗GPT는 다음과 같은 결과를 보여 줍니다.

Topic sentence: The invigorating combination of spring weather and coffee creates a sensory experience that rejuvenates the mind and body.

주제 문장: 상쾌한 봄 날씨와 커피의 조합은 몸과 마음에 활력을 불어넣는 감각적인 경험을 선사합니다.

이전 주제 문장이었던 'Spring and coffee are a perfect match.' 보다는 조금 길어졌지만 역시 봄과 커피의 관계라는 문단의 핵심을 잘 보여 주는 좋은 주제문을 써 주었습니다. 다음으로 마지막 문장인 결론 문장을 삭제하고 챗GPT에게 결론 문장을 써 달라고 요청해 보겠습니다.

Prompt

Write a simple and good concluding sentence below paragraph.

아래 문단에 간단하고 좋은 결론 문장을 작성해 주세요.

Spring and coffee are a perfect match. There's something about the warm sunshine and the fresh, crisp air that makes a cup of coffee taste even better. I love to sit outside on a quiet morning, with a book in hand and a steaming cup of coffee on the table in front of me. As I take a sip, I can feel the warmth spreading throughout my body, and I feel invigorated and ready to start the day. The aroma of the coffee blends with the sweet fragrance of blooming flowers, creating a sensory experience that is both calming and energizing. Even as the day warms up and the sun gets stronger, a cup of iced coffee provides the perfect refreshing pick—me—up. _____.

Concluding sentence: In essence, a perfect spring day is incomplete without a warm cup of coffee to savor and enjoy the beauty of nature.

결론 문장: 자연의 아름다움을 음미하고 즐길 수 있는 따뜻한 커피 한 잔이 없다면 완벽한 봄날은 불완전할 수밖에 없습니다.

챗GPT는 위와 같이 봄날과 커피에 대한 문단의 내용을 잘 요약하는 멋진 결론 문장을 만들어 주었습니다. 이처럼 챗GPT를 통해 우리는 문단이 무엇인지, 그리고 문단을 구성하는 요소를 어떻게 쓰는지 배울 수 있었습니다. 다음으로는 우리가 직접 문단을 써보고 챗GPT를 통해 어떻게 피드백을 받는지 살펴보겠습니다.

챗GPT와 함께 문단 쓰고 피드백 받기

지금까지 챗GPT를 통해 문단의 정의, 특징, 그리고 구성요소를 자세히 살펴보았습니다. 자, 이제 우리 차례가 되었습니다. 아래 제시된 주제로 우리도 직접 한 문단을 써볼까요? 첫 과제는 자신의 인생에서 가장 인상적인 기억이나 사건을 한 문단으로 쓰는 서술 문단(Narrative Paragraph) 쓰기입니다. 글쓰기에 앞서 문단은 한 가지 주제로 쓰는 것이며 주제 문장 + 주제에 관한 세부 정보 + 결론 문장으로 이루어진다는 것을 꼭 기억하세요.

과제1 Write a narrative paragraph about a personal experience that you might characterize as the most amusing, sad, terrifying, satisfying, stupid, rewarding thing you have done or witnessed.

자신이 했거나 목격한 일 중 가장 재미있거나, 슬프거나, 무섭거나, 만족스럽거나, 어리석거나, 보람된 일로 묘사할 수 있는 개인적인 경험에 대한 서술 문단을 쓰세요.

다음은 실제 교실에서 가져온 학생의 글입니다.

(학생글) The trip to Barcelona totally changed my view about architecture. I went to Barcelona 5 years ago with my families. I experienced lots of new things such as delicious Spanish food, tango, and old museums. But the one thing that made me really shocked was the architects in Barcelona, especially which designed by Gaudi. One day I went to park Guell, named after the sponsor of Gaudi. When I first saw the shape and the color of park mixed with the spotlight of Spanish sunlight, I just couldn't say a word. Since I was born and raised in Seoul, the only buildings that I can see in my real life are rectangular−gray− boring−buildings. So colorful and organic form of the park Guell made me speechless. I enjoyed the space itself that I even forgot to take pictures. It was so shocking and enjoyable experience that for a long time after I came back to Korea, I wanted to go back there just for the park Guell.

바르셀로나 여행은 건축에 대한 제 견해를 완전히 바꿔놓았어요. 5년 전에 가족들과 함께 바르셀로나에 갔었어요. 맛있는 스페인 음식, 탱고, 오래된 박물관 등 새로운 것들을 많이 경험했죠. 하지만 저를 정말 놀라게 한 것은 바르셀로나의 건축가들, 특히 가우디가 설계한 건축물들이었어요. 어느 날 가우디의 후원자의 이름을 딴 구엘 공원에 갔어요. 스페인의 햇살과 어우러진 공원의 모양과 색채를 처음 봤을 때 저는 할 말을 잃었습니다. 서울에서 태어나고 자랐기 때문에 실생활에서 볼 수 있는 건물은 직사각형의 회색빛 지루한 건물뿐이거든요. 구엘 공원의 화려하고 유기적인 형태는 저를 말문이 막히게 만들었습니다. 사진 찍는 것도 잊을 정도로 공간 자체가 즐거웠어요. 한국에 돌아온 후에도 한참 동안 구엘 공원에 가 보고 싶다는 생각이 들 정도로 충격적이고 즐거운 경험이었어요.

학생은 한 문단의 서술 문단을 통해 바르셀로나를 방문하여 건축물을 보며 느꼈던 놀라운 경험을 잘 이야기하고 있습니다. 챗GPT는 학생이 쓴 이 문단에 대해서 어떻게 생각할까요? 다음과 같이 입력해 보겠습니다.

👤 Give me some feedback on my narrative paragraph.

내 서술 문단에 대한 피드백을 주세요.

💬 Your narrative paragraph is well written and effectively conveys your experience of how the trip to Barcelona changed your perspective on architecture. You clearly describe the different experiences you had in Barcelona, such as trying new foods and visiting museums, but the focus of the paragraph is on how the architecture you encountered there impacted you.

Your description of visiting Park Guell is particularly effective in conveying your emotions and reactions to the organic and colorful forms of Gaudi's architecture. The way you describe being speechless and forgetting to take pictures effectively conveys how the experience impacted you on a personal level.

One suggestion to improve the paragraph would be to include more sensory details to help the reader fully visualize the experience. For example, you could describe the smells and sounds of Barcelona or the feel of the Spanish sunlight on your skin. Overall, however, your narrative paragraph effectively conveys your personal experience and the impact it had on you.

바르셀로나 여행이 건축에 대한 관점을 어떻게 변화시켰는지에 대한 경험을 효과적으로 전달하는 서술 문단이 잘 작성되어 있습니다. 새로운 음식을 먹어 보고 박물관을 방문하는 등 바르셀로나에서 겪은 다양한 경험을 명확하게 기술하고 있지만, 문단의 초점은 그곳에서 만난 건축물이 자신에게 어떤 영향을 미쳤는지에 맞춰져 있습니다.

구엘 공원 방문에 대한 설명은 가우디 건축물의 유기적이고 다채로운 형태에 대한 감정과 반응을 전달하는 데 특히 효과적입니다. 말문이 막히고 사진 찍는 것을 잊어버렸다고 묘사하는 방식은 그 경험이 개인적인 차원에서 어떤 영향을 미쳤는지 효과적으로 전달합니다.

이 문단을 개선하기 위한 한 가지 제안은 독자가 경험을 완전히 시각화할 수 있도록 감각적인 세부 사항을 더 많이 포함시키는 것입니다. 예를 들어 바르셀로나의 냄새와 소리 또는 피부에 닿은 스페인 햇살의 느낌을 묘사할 수 있습니다. 그러나 전반적으로 내러티브 문단은 개인적인 경험과 그 경험이 자신에게 미친 영향을 효과적으로 전달합니다.

챗GPT는 위 서술 문단을 전반적으로 우수하다고 평가하고 있습니다. 그리고 감각적인 세부 사항을 조금 더 더해 개인적인 경험을 효과적으로 전달하면 좋겠다고 피드백을 주고 있습니다. 조금 더 세부적인 피드백을 요청해 볼까요? 이번에는 챗GPT에게 영어 교사의 역할을 부여하고(앞서 살펴보았던 효과적인 프롬프트의 원칙-역할 부여하기, 기억나시죠?) 구체적으로 문법과 묘사에 집중하여 피드백을 해 달라고 요청해 보겠습니다.

Prompt

Now you will become an English teacher and help me to improve the quality of my grammar and mainly the improve my adjectives. Everytime that I sent you a text you will try to give me a way to improve it.

me: ⟨text⟩

you: ⟨analyze the text and give recommendations⟩

이제 당신은 영어 선생님이 되어 문법의 질을 향상시키고 주로 형용사를 향상시키는 데 도움을 줄 것입니다. 내가 당신에게 글을 보낼 때마다 당신은 그것을 개선할 수 있는 방법을 제공하려고 노력할 것입니다.

나: ⟨텍스트⟩

당신: ⟨텍스트 분석 및 권장 사항 제공⟩

Great job on describing your experience in Barcelona!
Here are some suggestions for improving your text:

— Adjectives: Use more vivid and descriptive adjectives
to paint a clearer picture of your experience. For example,
instead of just saying "delicious Spanish food," you could
say "mouthwatering paella" or "flavorful tapas." Similarly,
instead of "old museums," you could say "historic museums
filled with ancient artifacts."

— Sentence structure: Vary your sentence structure to
keep the reader engaged. Instead of always starting with "I,"
try starting with a descriptive phrase or using a conjunction
to connect two related ideas. For example, you could say
"Amidst the tango and historic museums of Barcelona, it
was the architects, especially those who designed Gaudi's
masterpieces, that left me speechless."

— Grammar: Make sure your verb tenses and subject—
verb agreements are correct. For example, instead of
saying "the architects in Barcelona, especially which
designed by Gaudi," you could say "the architectures in
Barcelona, especially which were designed by Gaudi."

- Word choice: Consider using more specific vocabulary to add nuance to your writing. For example, instead of "shocking," you could say "awe-inspiring" or "breathtaking."

Overall, great start!

바르셀로나에서의 경험을 잘 묘사해 주셨어요! 다음은 글을 개선하기 위한 몇 가지 제안 사항입니다.

- 형용사: 보다 생생하고 묘사적인 형용사를 사용해 경험을 더 명확하게 묘사하세요. 예를 들어, "맛있는 스페인 음식"이라고만 표현하는 대신 "군침 도는 빠에야" 또는 "풍미 가득한 타파스"라고 표현할 수 있습니다. 마찬가지로 "오래된 박물관" 대신 "고대 유물로 가득한 역사적인 박물관"이라고 말할 수 있습니다.

- 문장 구조: 독자의 참여를 유도하기 위해 문장 구조를 다양하게 바꾸세요. 항상 "나"로 시작하는 대신 설명적인 문구로 시작하거나 접속사를 사용하여 두 가지 관련 아이디어를 연결해 보세요. 예를 들어 "바르셀로나의 탱고와 유서 깊은 박물관 속에서 특히 가우디의 걸작을 설계한 건축가들이 저를 말문이 막히게 했습니다."라고 말할 수 있습니다.

- 문법: 동사 시제와 주어와 동사의 조사가 올바른지 확인하세요. 예를 들어 "바르셀로나의 건축가들, 특히 가우디가 디자인한 건축가들"이라고 말하는 대신 "바르셀로나의 건축들, 특히 가우디가

디자인한 건축물들"이라고 말할 수 있습니다.

    – 단어 선택: 글에 뉘앙스를 더하기 위해 좀 더 구체적인 어휘를 사용하는 것이 좋습니다. 예를 들어, "충격적인" 대신 "경외심을 불러일으키는" 또는 "숨막히는"이라고 말할 수 있습니다.

    전반적으로 좋은 시작입니다!

    이번에는 문단의 구성요소에 대한 세부 피드백을 받아 보겠습니다. 앞서 언급하였듯이 문단을 이루는 구성요소 중 가장 중요한 것은 주제 문장입니다. 주제 문장은 문단의 핵심적인 아이디어를 잘 요약하고 있어야 하고 독자들이 글을 계속 읽을 수 있게 충분히 흥미로워야 합니다. 현재 학생이 쓴 문단에서 첫 문장(The trip to Barcelona totally changed my view about architecture)이 문단의 주제 문장입니다. 챗 GPT는 이 주제 문장에 대해 어떻게 평가할까요? 다음과 같은 프롬프트를 입력해 보겠습니다.

> Prompt

Give me some feedback on my topic sentence, which is the first sentence below the paragraph.

아래 문단 첫 번째 문장인 주제 문장에 대한 피드백을 주세요.

Your topic sentence, "The trip to Barcelona totally changed my view about architecture", effectively sets the stage for the rest of your paragraph and clearly conveys the main idea. It provides a preview of what the reader can expect to learn about in the following sentences. However, it might be even more effective if it was more specific and focused on a particular aspect of architecture that you will be discussing. For example, you could rephrase it as "My visit to Barcelona's unique and vibrant architecture, particularly the work of Gaudi, opened my eyes to the beauty and creativity of non−traditional building designs." This would make it clearer to the reader what aspect of architecture you will be discussing and make your topic sentence more engaging. Overall, though, your topic sentence does a good job of introducing your paragraph's main idea.

"바르셀로나 여행은 건축에 대한 나의 견해를 완전히 바꾸어 놓았습니다."라는 주제 문장은 나머지 문단의 무대를 효과적으로 설정하고 주요 아이디어를 명확하게 전달합니다. 이 문장은 독자가 다음 문장에서 무엇을 배울 수 있을지에 대한 미리 보기를 제공합니다. 그러나 더 구체적이고 논의할 아키텍처의 특정 측면에 초점을 맞춘다면 더욱 효과적일 수 있습니다. 예를 들어 "바르셀로나의 독특하고 활기찬 건축물, 특히 가우디의 작품을 방문하면서 비전통적인 건물 디자인의 아름다움과 창의성에 눈을 뜨게 되었습니다."라고 바꿀 수 있습니다. 이렇게 하면 독자가 건축의 어떤 측면에 대해 논의할 것인지 더 명확하게 알 수 있고 주제 문장이 더욱 매력적으로 느껴집니다. 하지만 전반적으로 주제 문장은 문단의 주요 아이디어를 소개하는 데 효과적입니다.

챗GPT는 학생이 쓴 주제 문장에 대해서 훌륭하다는 평가를 내리면서도, 주제의 좀 더 구체적인 측면에 초점을 맞추라는 피드백을 하고 있습니다. 그리고 "My visit to Barcelona's unique and vibrant architecture, particularly the work of Gaudi, opened my eyes to the beauty and creativity of non-traditional building designs."라는 주제 문장을 제안하고 있습니다.

마지막으로 결론 문장은 어떨까요? 학생의 글에서 마지막 문장(It was so shocking and enjoyable experience that for a long time after I came back to Korea, I wanted to go back there just for the park Guell)은 문단의 결론을 보여주는 문장인데요, 이 문장에 대해서도 피드백을 받아보겠습니다.

Give me some feedback on my concluding sentence, which is the last sentence below the paragraph.

아래 문단 마지막 문장인 결론 문장에 대한 피드백을 주세요.

Your concluding sentence effectively summarizes the main point of the paragraph and effectively communicates your newfound appreciation for architecture as a result of your trip to Barcelona. It conveys your desire to revisit the city and specifically mentions the Park Guell as a highlight of your trip. However, you could consider rephrasing the sentence to make it more concise and impactful, such as: "My trip to Barcelona, particularly the stunning architecture of Gaudi's Park Guell, left me with a newfound appreciation for the beauty of organic design, and a strong desire to return to the city."

결론 문장은 문단의 요점을 효과적으로 요약하고 바르셀로나 여행의 결과로 새롭게 알게 된 건축에 대한 감상을 효과적으로 전달합니다. 바르셀로나를 다시 방문하고 싶다는 의사를 전달하고 구엘 공원을 여행의 하이라이트로 구체적으로 언급합니다. 하지만 다음과 같이 문장을 더 간결하고 임팩트 있게 바꾸어 표현하는 것을 고려해 볼 수 있습니다. "바르셀로나 여행, 특히 가우디의 구엘 공원의 멋진 건축물을 보면서 유기적 디자인의 아름다움에 대해 새롭게 인식하게 되었고 바르셀로나를 다시 방문하고 싶은 강한 열망을 갖게 되었습니다."

기존의 문장에 비해 챗GPT가 제시하는 결론 문장(My trip to Barcelona, particularly the stunning architecture of Gaudi's Park Guell, left me with a newfound appreciation for the beauty of organic design, and a strong desire to return to the city)은 더욱 임팩트 있게 문단을 마무리하고 전체 내용을 세련되게 잘 정리하고 있습니다.

참, 한 가지를 빠뜨렸군요. 문단의 제목이 없습니다. 챗GPT에게 적절한 제목을 하나 지어 달라고 부탁해 보겠습니다.

Prompt

Please recommend three appropriate titles for the paragraphs below.

아래 문단에 적합한 제목 세 개를 추천해 주세요.

1. A Trip to Remember: How Barcelona's Architecture Changed Me

2. The Magic of Gaudi's Park Guell and Its Impact on My Perspective

3. Barcelona's Architectural Treasures: A Journey of Enlightenment

1. 기억에 남는 여행: 바르셀로나의 건축이 나를 바꾼 방법

2. 가우디의 구엘 공원의 마법과 그것이 내 관점에 미친 영향

3. 바르셀로나의 건축 보물: 깨달음의 여정

프롬프트를 넣을 때마다 결과가 바뀔 수 있으니 같은 프롬프트를 여러 번 넣어 보고 그중 가장 좋은 것을 택하는 것도 좋은 방법입니다.

이제 문단 쓰기의 두 번째 예를 살펴보겠습니다. 이번에는 묘사 문단(Descriptive Paragraph) 쓰기입니다. 앞서 학생이 쓴 서술 문단(Narrative Paragraph)이 자신의 경험이나 사건을 이야기하는 것이었다면, 묘사 문단 쓰기는 한 대상이나 경험을 자세하고 생생하게 묘사하는 글쓰기입니다. 이번 과제는 자신이 가장 좋아하는 장소를 한 문단으로 묘사하는 것입니다.

Write a descriptive paragraph about your favorite place.
좋아하는 장소에 대해 묘사하는 문단을 작성하세요.

아래는 영작문 교실에서 학생이 쓴 묘사 문단입니다.

The Beautiful Library

My favorite place in my school, Seoul science high school, is the library. Recently, the library got repaired for several months and transformed into a beautiful. The library has lots of books and lots of seats to study of read books comfortably. Also, it has many fluffy seats to read books in a comfier environment. Focusing on the design, the library has a very modern and neat design. Its walls are covered with white color and the seats and the shelves are colored black. This color harmony makes a neat atmosphere. Also, there are some wooden pillars and many plants that promotes natural feelings for people. These designs make me visit the library more often. In conclusion, the library is one of the most beautiful places in the school because of its designs.

제가 다니는 학교인 서울과학고등학교에서 가장 좋아하는 곳은 도서관입니다. 최근 몇 달간 도서관을 리모델링해서 아름다운 공간으로 탈바꿈했습니다. 도서관에는 책도 많고 편안하게 책을 읽으며 공부할 수 있는 자리도 많아요. 또한 푹신한 좌석을 많이 배치하여 보다 편안한 환경에서 책을 읽을 수 있습니다. 디자인에 중점을 둔 도서관은 매우 현대적이고 깔끔한 디자인입니다. 벽은 흰색으로 덮여 있고 좌석과 서가는 검은색으로 칠해져 있습니다. 이 색상의 조화가 깔끔한 분위기를 연출합니다. 또한 나무 기둥과 많은 식물이 있어 사람들에게 자연스러운 느낌을 줍니다. 이런 디자인 덕분에 도서관을 더 자주 방문하게 됩니다. 결론적으로, 도서관은 디자인 때문에 학교에서 가장 아름다운 장소 중 하나입니다.

묘사하는 글쓰기의 특징을 살리고자 위 학생은 다음과 같은 프롬프트를 써서 에세이를 수정하였습니다.

Prompt

Make this essay more natural using abundant expressions and emphasizing the beauty of the library. The title of the essay is 'The beautiful library'.

풍부한 표현을 사용해 도서관의 아름다움을 강조하며 에세이를 좀 더 자연스럽게 만들어주세요. 에세이 제목은 '아름다운 도서관'입니다.

Without a doubt, the library at Seoul Science High School is a true gem, and my personal favorite spot on campus. Recently, the library underwent a magnificent transformation that left it looking absolutely stunning. With an abundance of books and comfortable seating, this space is perfect for both reading and studying. What's more, the library features an array of plush chairs, offering the ultimate cozy reading experience. However, it's the library's design that truly sets it apart. Boasting a modern, sleek aesthetic, the library's walls are adorned with a pristine, pure white hue, while the seats and shelves are a sophisticated, deep black. This harmonious contrast creates an ambiance that is both refined and immaculate. Moreover, the presence of wooden pillars and greenery throughout the space invites a sense of natural tranquility, helping students to feel calm and focused. Truly, the library's striking design has become a personal source of inspiration for me, and I find myself drawn to the space time and time again. In conclusion, the library at Seoul Science High School is unequivocally one of the most beautiful places on campus, a true feast for the eyes and the soul.

의심할 여지 없이 서울과학고등학교의 도서관은 교내에서 제가 개인적으로 가장 좋아하는 장소이자 진정한 보석입니다. 최근 도서관은 멋진 모습으로 탈바꿈해 완전히 새로운 모습으로 탈바꿈했습니다. 풍부한 책과 편안한 좌석을 갖춘 이 공간은 독서와 공부 모두에 완벽한 공간입니다. 또한 도서관에는 푹신한 의자가 배치되어 있어 궁극의 아늑한 독서 경험을 제공합니다. 하지만 이 도서관을 진정으로 돋보이게 하는 것은 도서관의 디자인입니다. 모던하고 세련된 미학을 자랑하는 이 도서관의 벽은 깨끗한 새하얀 색조로 장식되어 있고, 좌석과 선반은 세련되고 깊은 검은색으로 되어 있습니다. 이 조화로운 대비가 세련되면서도 깔끔한 분위기를 연출합니다. 또한 공간 전체에 나무 기둥과 녹지가 있어 자연스러운 평온함을 느끼게 하여 학생들이 차분하고 집중할 수 있도록 도와줍니다. 이 도서관의 멋진 디자인은 저에게 개인적인 영감의 원천이 되었고, 그 공간에 몇 번이고 발길을 옮기게 되었습니다. 결론적으로 서울과학고등학교의 도서관은 교내에서 가장 아름다운 장소 중 하나이며, 눈과 영혼을 위한 진정한 향연입니다.

챗GPT가 수정해준 글은 멋있게 잘 바뀌었지만, true gem(진정한 보석), magnificent transformation(웅장한 변신), ultimate cozy(궁극의 아늑함), a true feast for the eyes and the soul(눈과 영혼을

위한 진정한 향연) 등의 묘사가 추가되어 원본의 표현과 약간의 괴리감이 있어 보입니다. 아마 챗GPT에게 사용한 프롬프트 중 'Abundant Expressions(풍부한 표현)'와 같은 표현이 있어 이런 결과가 생긴 것으로 추정됩니다. 조금 더 담백하게 하지만 문법적으로는 자연스럽고 조금 더 묘사하는 글쓰기에 가깝게 하도록 다음의 프롬프트를 사용해 보겠습니다. 아래의 프롬프트는 챗GPT에게 영어 교사로서의 역할을 부여하여 글의 문법과 표현을 향상시키는 방법에 대한 피드백을 주고 좀 더 향상된 글을 제시하라는 프롬프트입니다. 앞서 서술 문단에서 사용한 것과 비슷한데요, 향상된 버전을 제안해 달라는 부분이 바뀌었습니다.

Prompt

Now you will become an English teacher and help me to improve the quality of my grammar and mainly the improve my adjectives.

me: ⟨text⟩

you: ⟨analyze the text and give recommendations and suggest an edited version⟩

이제 당신은 영어 선생님이 되어 문법의 질을 향상시키고 주로 형용사를 향상시키는 데 도움을 줄 것입니다.

나: ⟨텍스트⟩

당신: ⟨텍스트를 분석하고 권장 사항을 제공하고 편집된 버전을 제안하세요⟩

Great job on your writing! Here are some suggestions to improve your grammar and adjectives:

−Instead of saying "transformed into a beautiful," try using more descriptive adjectives to paint a clearer picture for the reader. For example, you could say "transformed into a stunning, state−of−the−art facility."

−When describing the seats in the library, try to use more descriptive adjectives. For example, instead of "lots of seats," you could say "an abundance of comfortable, cushioned chairs and tables."

−Instead of using "comfier," you could say "more comfortable."

−Instead of saying "neat design," try using more specific adjectives like "sleek" or "minimalistic."

−Instead of using "promotes natural feelings," try using "creates a natural ambiance."

Here's an edited version of your text incorporating these suggestions:

My favorite place in my school, Seoul Science High

School, is the library. Recently, the library underwent several months of repairs and transformed into a stunning, state-of-the-art facility. The library boasts an abundance of comfortable, cushioned chairs and tables to allow for a comfortable reading and studying environment. Additionally, the library features many sleek and modern fluffy seats, which add to the overall ambiance. The walls are painted white, creating a clean and minimalistic atmosphere, while the chairs and shelves are colored black, adding a touch of sophistication. The wooden pillars and beautiful foliage create a natural ambiance that makes me visit the library more often. In conclusion, the library is one of the most beautiful places in the school because of its sleek and modern design and its natural ambiance.

글을 잘 쓰셨습니다! 다음은 문법과 형용사를 개선하기 위한 몇 가지 제안입니다:

-"아름답게 변모했습니다."라고 말하는 대신 좀 더 묘사적인 형용사를 사용하여 독자에게 더 명확한 그림을 그려 보세요. 예를 들어 "멋진 최첨단 시설로 탈바꿈했습니다."라고 말할 수 있습니다.

-도서관의 좌석을 설명할 때는 좀 더 묘사적인 형용사를 사용

하세요. 예를 들어, "많은 좌석" 대신 "편안하고 쿠션이 있는 의자와 테이블이 풍부합니다."라고 말할 수 있습니다.

−"편안하다" 대신 "더 편안하다"라고 말할 수 있습니다.

−"깔끔한 디자인" 대신 "세련된" 또는 "미니멀한"과 같은 보다 구체적인 형용사를 사용해 보세요.

−"자연스러운 느낌을 줍니다."라는 표현 대신 "자연스러운 분위기를 연출합니다."라는 표현을 사용해 보세요.

다음은 이러한 제안을 반영한 텍스트의 편집 버전입니다:

제가 다니는 학교인 서울과학고등학교에서 가장 좋아하는 장소는 도서관입니다. 최근 도서관이 몇 달간의 리모델링 공사를 거쳐 멋진 최신식 시설로 탈바꿈했습니다. 도서관은 편안하고 쿠션감이 있는 의자와 테이블이 풍부하게 배치되어 있어 독서와 공부하기에 좋은 환경을 자랑합니다. 또한 도서관에는 세련되고 모던한 푹신한 의자가 많이 배치되어 있어 전체적인 분위기를 한층 더 돋보이게 합니다. 벽은 흰색으로 칠해 깔끔하고 미니멀한 분위기를 연출하고, 의자와 선반은 검은색으로 칠해 세련미를 더했습니다. 나무 기둥과 아름다운 나뭇잎이 자연스러운 분위기를 연출해 도서관을 더 자주 방문하게 됩니다. 결론적으로, 도서관은 세련되고 현대적인 디자인과 자연스러운 분위기로 인해 학교에서 가장 아름다운 장소 중 하나입니다.

두 번째로 수정된 버전은 첫 번째 버전에 비해 문법과 표현이 자연스러우면서도 원본의 의도와 표현을 잘 살린 글로 보입니다. 이처럼 챗GPT는 프롬프트에 따라 굉장히 다른 결과물을 보여 줍니다. 심지어 같은 프롬프트라도 매번 조금씩 다른 결과물을 보여 주기도 하지요. 중요한 점은 챗GPT의 피드백을 받고 수정된 글이 자신의 의도에 부합하는지를 판단하는 눈입니다. 아무리 미사여구를 잘 사용하였더라도 수정본이 본래 글의 의도에 맞지 않는 내용을 추가한다거나 글의 전체적인 방향을 바꾸는 결과를 초래한다면 수정하지 않는 편이 더 좋습니다. 챗GPT의 피드백을 어떻게 받아들일지를 결정하는 것은 바로 글쓰기를 하는 본인입니다.

문단 쓰기에 사용한 프롬프트 모음

마지막으로 영작문 시간에 챗GPT와 함께 문단 쓰기 피드백을 진행하며 학생들이 사용한 프롬프트를 모두 모아 보았습니다. 문법에 맞게 글을 고치는 것으로부터 시작해 글을 좀 더 유창하게, 혹은 좀 더 묘사력이 뛰어나게 바꾸기도 하고 문장의 연결사를 추가하여 문장들이 좀 더 연결되게(Connected) 만들어 달라고 요청하는 프롬프트도 있습니다. 독자 여러분들도 과제 1, 2에 제시된 주제로 먼저 영어 문단을 직접 써보기 바랍니다. 그리고 다음 아래에 제시된 다양한 프롬프트를 입력하며 프롬프트에 따른 출력 결과를 확인하고, 본인의 글에 가장 자연스럽고 훌륭한 변화를 가져온 프롬프트가 무엇인지 찾아보기 바랍니다. 그리고 그 변화를 추적하고 궁극적으로는 자신의 표현으로 익히고 연습하는 것이 가장 중요합니다.

문단 쓰기에 학생들이 사용한 프롬프트 모음

▶ Make the paragraph below more natural and polished, while maintaining the overall structure.
전체 구조를 유지하면서 아래 문단을 더 자연스럽고 세련되게 만드세요.

▶ Edit the following paragraph more naturally and fix grammar errors. The title of the paragraph is 'A lesson from the wound'. Then, also tell me the parts you fixed.
다음 문단을 보다 자연스럽게 수정하고 문법 오류를 수정합니다. 문단의 제목은 '상처가 주는 교훈'입니다. 그런 다음 수정한 부분도 알려 주세요.

▶ Make my paragraph more fluent.
내 문단을 더 유창하게 만들어 주세요.

▶ Correct grammar from the paragraph below.
아래 문단에서 문법을 수정하세요.

▶ Can you make the expressions stronger?
표현을 더 강하게 만들 수 있나요?

▶ Can you make a proper title for this writing?
이 글에 적절한 제목을 붙일 수 있나요?

▶ Make the paragraph visually clear.
에세이를 시각적으로 명확하게 만드세요.

▶ Get grammar errors or change words to more vivid and complicated ones.

문법 오류를 수정하거나 단어를 더 선명하고 복잡한 단어로 바꾸세요.

▶ Make the paragraph below more effectively while unchanging the story.

이야기는 바꾸지 않으면서 아래 문단을 더 효과적으로 만드세요.

▶ Find grammatical errors in following paragraph, and improve my paragraph.

다음 문단에서 문법 오류를 찾아서 내 문단을 개선하세요.

▶ Can you make the sentences seem more connected for the paragraph below?

아래 문단에서 문장을 더 연결성 있게 만들 수 있나요?

▶ Can you make my descriptive paragraph more interesting, connecting the sentences more naturally?

문장을 더 자연스럽게 연결하여 묘사 문단을 더 흥미롭게 만들 수 있나요?

▶ Please refine this following paragraph.

다음 문단을 다듬어 주세요.

▶ How can I improve this paragraph?

이 문단을 어떻게 개선할 수 있나요?

▶ I intended the sentences to be short. Can you make the sentences intentionally shorter?

문장을 짧게 쓰려고 했습니다. 문장을 의도적으로 짧게 만들 수 있나요?

▶ Rewrite this paragraph with more descriptive words.

이 문단을 더 묘사적인 단어로 다시 작성하세요.

▶ Describe more about board game cafe based on this paragraph.

이 문단을 바탕으로 보드 게임 카페에 대해 더 자세히 묘사하세요.

▶ The paragraph below is a descriptive paragraph about my house. Please improve it to be well understood.

아래 문단은 우리 집에 대해 묘사하는 문단입니다. 잘 이해할 수 있도록 개선해 주세요.

▶ Make it more descriptive and make it into one paragraph.

좀 더 묘사적으로 작성하고 한 문단으로 만들어 주세요.

▶ Please convert its expressions and flow refine.

표현을 바꾸고 흐름을 다듬어 주세요.

▶ Make my paragraph more descriptive and neat.

문단을 좀 더 묘사적이고 깔끔하게 만들어 주세요.

▶ Paraphrase my sentences so they are more concise.

문장을 더 간결하게 다시 써 주세요.

▶ Adjust my vocabulary usage so the paragraph is more natural.

문단이 더 자연스러워지도록 어휘 사용을 조정해 주세요.

▶ Combine some sentences that could be shortened.

문장을 합쳐서 짧게 만들어 주세요.

▶ Change few words in this paragraph and make it more fancy.

이 문단에서 몇 단어를 변경하여 더 멋지게 만들어 주세요.

▶ Make the paragraph to be more fluent.

문단을 더 유창하게 만들어 주세요.

▶ Please provide the text you would like me to edit and transform
into a descriptive paragraph.

수정하고 싶은 텍스트를 나에게 알려주고 그것을 묘사 문단으로 바꾸세요.

챗GPT와 함께 에세이 쓰기

지금까지 문단 쓰기에 대해서 알아보았습니다. 정리하자면 문단은 한 가지 주제를 다루는 여러 문장의 결합체이고 주제 문장은 문단의 핵심 아이디어를 보여주는 가장 중요한 문장입니다. 자, 이제부터는 본격적으로 에세이 쓰기에 대해 살펴보겠습니다.

문단에서 에세이로

문단과 에세이의 차이는 무엇일까요? 이번에도 먼저 챗GPT에게 물어보겠습니다.

> Prompt

👤 문단과 에세이의 차이점은?

⑥ 문단은 하나 이상의 문장으로 구성된 하나의 아이디어나 주제에 초점을 맞춘 글쓰기의 단위입니다. 일반적으로 문단의 첫 문장은 문단의 주요 아이디어를 소개하는 주제 문장이 포함되며, 그 후에는 추가적인 세부 사항과 예시를 제공하는 지지 문장이 따릅니다. 반면, 에세이는 여러 개의 문단으로 이루어진 보다 긴 글쓰기의 형태입니다. 일반적으로 에세이는 서론 부분(Introduction)에서 에세이의 주요 주제나 논지문(Thesis Statement)을 제시하고, 그 후에는 증거와 분석으로 논지를 발전시키는 본문 문단이 여러 개 이어집니다. 마지막으로, 에세이는 보통 결론 부분(Conclusion)이 있으며, 이는 주요 포인트를 요약하고 논지문을 새로운 방식으로 재진술합니다. 즉, 문단은 에세이의 구성요소 중 하나로, 여러 개의 문단으로 이루어진 완성된 글쓰기입니다. 문단과 에세이 모두 하나의 아이디어나 주제에 초점을 맞추지만, 에세이는 더 포괄적이고 자세한 탐구를 제공합니다.

문단과 에세이의 차이에 대해 알아보았습니다. 요약하면 에세이는 여러 문단으로 구성되어 있는 글쓰기 형태로, 한 가지 주제나 논제를 더 깊이 이해하기 위한 긴 글쓰기입니다. 에세이는 일반적으로 서론(Introduction), 본문(Body), 결론(Conclusion)으로 구성됩니다. 서론에서는 주제를 소개하고, 본문에서는 다양한 측면에서 논제를 탐구하며 결론에서는 전반적인 논의를 요약하고 주제에 대한 새로운 시각을 제시합니다. 그렇다면 어떻게 문단을 에세이로 확장할 수 있을까요? 다음 표를 살펴봅시다.

Paragraph		Essay
Topic Sentence ➡️	Introduction	Thesis Statement
Support Sentence 1 ➡️		Support Paragraph 1
Support Sentence 2 ➡️	Body	Support Paragraph 2
Support Sentence 3 ➡️		Support Paragraph 3
Concluding Sentence ➡️	Conclusion	

문단을 에세이로 확장하기

문단에서 가장 중요한 문장인 주제 문장은 에세이 서론 문단의 논지문으로 바뀝니다. 즉, 논지문은 주제 문장과 같이 에세이를 쓰는 이유와 목적 그리고 핵심 아이디어를 명확하게 담고 있어야 합니다. 그리고 문단에서 세부 정보를 담은 여러 문장들은 에세이에서 각각의 문단으로 발전하게 됩니다. 마지막으로 문단의 결론 문장은 에세이에서 결론 문단으로 바뀌게 됩니다. 에세이의 구조를 조금 더 자세히 살펴보면 다음과 같습니다.

		Hook	글의 첫 문장, 독자의 관심을 끌기 위한 문장(eg. 질문, 격언, 명언, 이야기 등으로 시작하기)
Introduction (서론: 한 문단)		Background Information	훅(Hook)과 논지문(Thesis Statement) 사이의 연결고리 역할. 에세이에서 다룰 내용에 대한 배경을 설명함
		Thesis Statement	대개 서론 문단의 마지막에 위치하고 에세이의 핵심 주장을 나타냄
Body (본론: 서너 문단)	각각의 Supporting Paragraph 2, 3, 4	Topic Sentence	해당 문단에서 다룰 핵심을 나타냄
		Supporting Details	주제문을 뒷받침하는 구체적인 내용을 제시함
		Transition Sentence	해당 문단에서 다음 문단으로 전환을 위한 문장
Conclusion (결론: 한 문단)		Restated Thesis	본문에서 다룬 내용을 요약하고 주장을 강조함. 논지문을 다시 풀어서 씀
		Suggestion, opinion, or prediction	주제와 관련된 시사점 제시

에세이의 구조

챗GPT를 통해 다섯 문단의 에세이를 하나 생성하고 구체적인 예시와 함께 에세이의 전반적인 구조에 대해 살펴보겠습니다.

Write a 5-paragraph narrative essay about 'A Life-Changing Trip Abroad'

'인생을 바꾼 해외 여행'에 대한 다섯 문단 내러티브 에세이를 작성하세요.

(Hook) Traveling abroad can be a life-changing experience for many people. (Background Information) It is a chance to explore new cultures, meet new people, and learn new things. My life-changing trip abroad happened a few years ago when I decided to take a gap year after finishing high school. I had always wanted to travel and experience different cultures, but I had never had the opportunity to do so until then. (Thesis Statement) I chose to travel to Southeast Asia, and it turned out to be the best decision I ever made.

(Topic Sentence 1) As soon as I arrived in Southeast Asia, I was struck by the beauty of the landscape, the warmth of the people, and the rich culture. (Supporting Details) I traveled through Thailand, Vietnam, Cambodia, and Laos, and each country had its unique charm. I was able to visit temples, try new foods, and learn about the history and customs of each country. One of my most memorable experiences was visiting Angkor Wat in Cambodia, an ancient temple complex that took my breath away.

(Topic Sentence 2) However, my trip was not all sunshine and rainbows. I had to face many challenges, including language barriers and cultural differences. (Supporting Details) It was challenging to communicate with locals in some areas, and I had to rely on hand gestures and basic phrases to get by. Moreover, some cultural practices were very different from what I was used to, and it took me a while to adapt. But despite these challenges, I found that I was growing as a person, becoming more adaptable and open-minded.

(Topic Sentence 3) The most significant impact of my trip abroad was the people I met along the way. (Supporting Details) I made friends with locals and fellow travelers who came from all over the world. We shared stories and experiences, and I learned so much from them. One of my closest friends on the trip was a local tour guide who showed me around his city and introduced me to his family.

It was incredible to see how different their lives were from mine, but also how similar we were in many ways.

(Restated Thesis) In conclusion, my trip abroad was truly life-changing. I came back home with a broader perspective on the world, a deeper understanding of different cultures, and a newfound appreciation for the small things in life. I also gained valuable skills such as adaptability, independence, and communication. (Suggestion) I encourage anyone who has the opportunity to travel abroad to do so, as it can be a transformative experience that will stay with you for a lifetime.

해외여행은 많은 사람에게 인생을 바꾸는 경험이 될 수 있습니다. 새로운 문화를 탐험하고, 새로운 사람들을 만나고, 새로운 것을 배울 수 있는 기회이기 때문입니다. 저의 인생을 바꾼 해외여행은 몇 년 전 고등학교를 졸업하고 갭이어를 하기로 결심했을 때였습니다. 항상 여행을 다니며 다양한 문화를 경험하고 싶었지만 그때까지는 그럴 기회가 없었죠. 동남아시아 여행을 선택했고, 그것은 제가 내린 최고의 결정이었습니다.

동남아시아에 도착하자마자 아름다운 풍경과 사람들의 따뜻한 마음, 풍부한 문화에 감탄했습니다. 태국, 베트남, 캄보디아, 라오스를 여행했는데 각 나라마다 독특한 매력이 있었어요. 사원을 방문하고 새로운 음식을 맛보고 각 나라의 역사와 관습에 대해 배울 수 있었어요. 가장 기억에 남는 경험 중 하나는 캄보디아의 고대 사원 단지인 앙코르와트를 방문했을 때 숨이 멎을 정도로 아름다웠어요.

하지만 여행이 항상 햇살과 무지개만 있었던 것은 아니었습니다. 언어 장벽과 문화적 차이 등 많은 어려움에 직면해야 했습니다. 일부 지역에서는 현지인들과 의사소통하기가 어려웠고, 손짓과 기본적인 문구에 의존해야만 지나갈 수 있었습니다. 게다가 일부 문화적 관행은 제가 익숙했던 것과는 매우 달라 적응하는 데 시간이 걸렸습니다. 하지만 이러한 어려움에도 불구하고 저는 적응력과 열린 마음을 키우며 한 사람으로서 성장하고 있다는 것을 깨달았습니다.

해외여행에서 내게 가장 큰 영향을 준 것은 여행 중에 만난 사람들이었습니다. 전 세계에서 온 현지인 및 동료 여행자들과 친구가 되었습니다. 서로의 이야기와 경험을 공유하며 많은 것을 배웠어요. 여행 중에 가장 친한 친구 중 한 명은 현지 여행 가이드였는데, 그는 저에게 도시 곳곳을 안내하고 가족을 소개해 주었습니다. 그들의 삶이 저와 얼마나 다른지, 또 우리가 얼마나 많은 면에서 비슷한지 알게 되어 놀라웠습니다.

결론적으로 해외여행은 정말 인생이 바뀌는 시간이었습니다.

저는 세상을 바라보는 시야가 넓어지고, 다양한 문화에 대해 더 깊이 이해하게 되었으며, 삶의 작은 것들에 대해 새롭게 감사하는 마음을 갖게 되어 집으로 돌아왔습니다. 또한 적응력, 독립심, 의사소통과 같은 소중한 기술도 얻었습니다. 해외여행은 평생 기억에 남을 변화의 경험이 될 수 있으므로 해외여행 기회가 있는 사람이라면 누구나 해외여행을 떠나보시길 권합니다.

먼저, 각 문단을 간단하게 요약하여 에세이의 중심 내용을 파악해 보겠습니다.

Prompt

Summarize the main idea of each paragraph briefly.

각 문단의 주요 아이디어를 간략하게 요약해 주세요.

Sure, here's a brief summary of the main idea of each paragraph in the essay:

- Paragraph 1: The opening paragraph establishes the central theme of the essay, which is the transformative power of travel, and introduces the topic of a life—changing trip abroad.

    — Paragraph 2: The second paragraph describes the author's initial impressions upon arriving in Southeast Asia, including the beauty of the landscape, the warmth of the people, and the rich culture.

    — Paragraph 3: The third paragraph highlights the challenges that the author faced during their trip, including language barriers and cultural differences.

    — Paragraph 4: The fourth paragraph discusses the most significant impact of the author's trip abroad, which was the people they met along the way, including locals and fellow travelers.

    — Paragraph 5: The final paragraph contains the thesis statement of the essay and provides a conclusion to the author's experience, emphasizing how their trip was truly life—changing and encouraging others to travel abroad.

    에세이의 각 문단의 주요 아이디어를 간략하게 요약하면 다음과 같습니다:

     – 문단 1: 첫 문단에서는 여행의 변화의 힘이라는 에세이의 중심 주제를 설정하고, 인생을 바꾼 해외 여행이라는 주제를 소개합니다.

     – 문단 2: 두 번째 문단에서는 동남아시아에 도착했을 때 느낀 풍경의 아름다움, 사람들의 따뜻함, 풍부한 문화 등 글쓴이의 첫인상을 설명합니다.

     – 문단 3: 세 번째 문단은 언어 장벽과 문화적 차이 등 여행 중에 저자가 직면한 어려움을 강조합니다.

     – 문단 4: 네 번째 문단에서는 저자의 해외여행에서 가장 큰 영향을 준 것은 현지인과 동료 여행자를 포함하여 여행 중에 만난 사람들이었다고 설명합니다.

     – 문단 5: 마지막 문단에는 에세이의 논지를 담고 저자의 경험에 대한 결론을 제시하여 여행이 진정으로 삶을 변화시켰음을 강조하고 다른 사람들에게 여행을 장려합니다.

    이제 하나씩 살펴보겠습니다. 첫 번째 문단(Paragraph 1)은 서론입니다. 앞서 살펴본 대로 서론은 독자의 관심을 끌기 위한 문장(Hook), 에세이의 배경 설명(Background Information), 그리고 글의 가장 핵심적인 내용을 보여 주는 논지문(Thesis Statement)으로 이루어집니다. 에세이의 서론 부분을 좀 더 분석해 보기 위해 다음과 같은 질문을 던져 보겠습니다.

Where is a hook?

혹은 어디에 있나요?

The hook in the essay is the first sentence that catches the reader's attention and makes them want to keep reading. In this essay, the hook is the opening sentence: "Traveling abroad can be a life-changing experience for many people." This sentence immediately sets the tone for the essay and establishes the central theme of the essay — the transformative power of travel. It also creates curiosity in the reader's mind and encourages them to read further to find out more about the author's personal experience of a life-changing trip abroad.

에세이의 혹은 독자의 시선을 사로잡아 계속 읽고 싶게 만드는 첫 문장을 말합니다. 이 에세이에서 혹은 첫 문장에 해당합니다: "해외여행은 많은 사람들에게 인생을 바꾸는 경험이 될 수 있습니다." 이 문장은 즉시 에세이의 분위기를 조성하고 에세이의 중심 주제인 여행의 변화하는 힘을 확립합니다. 또한 독자의 호기심을 불러일으키고 인생을 바꾼 해외여행에 대한 저자의 개인적인 경험에 대해 자세히 알아보기 위해 더 읽어 보도록 유도합니다.

Where is a thesis statement in the first paragraph?
첫 문단에서 논지문은 어디에 있나요?

Although a thesis statement can be placed in different parts of an essay, it is generally found in the introduction or the conclusion. In this essay, the thesis statement is not explicitly stated in the first paragraph. However, the first paragraph sets the context for the essay by introducing the topic of a life-changing trip abroad and providing a brief overview of the author's experience. The final sentence of the first paragraph, "It turned out to be the best decision I ever made," hints at the main idea of the essay but does not clearly state the thesis. Instead, the thesis statement is presented in the conclusion of the essay.

논지문은 에세이의 여러 부분에 배치할 수 있지만 일반적으로 서론 또는 결론에 있습니다. 이 에세이에서는 첫 문단에 논지문이 명시적으로 명시되어 있지 않습니다. 그러나 첫 문단은 인생을 바꾼 해외여행이라는 주제를 소개하고 저자의 경험에 대한 간략한 개요를 제공함으로써 에세이의 맥락을 설정합니다. 첫 번째 문단의 마지막 문장인 "그것은 내가 내린 최고의 결정이었습니다."는 에세이의 주요 아이디어를 암시하지만 논제를 명확하게 제시하지는 않습니다. 대신 에세이의 결론에 논제를 제시합니다.

챗GPT는 명시적이지 않다는 전제하에 서론의 마지막 문장(I chose to travel to Southeast Asia, and it turned out to be the best decision I ever made)을 에세이의 핵심을 담은 논지문으로 파악합니다. 그리고 이 문장은 결론 부분에서 다시 재진술될 것입니다.

다음으로 본론을 살펴볼까요? 본론을 이루는 각각의 문단은 주제 문장과 주제 문장을 뒷받침하는 내용으로 이루어져 있습니다. 챗GPT에게 에세이의 각 문단에서 주제 문장이 어디에 있는지 물어볼까요?

Prompt

List the topic sentences in the paragraph 2, 3, and 4.

문단 2, 3, 4의 주제 문장을 나열해 주세요.

Sure, here are the topic sentences for each of the three body paragraphs in the essay:

- Paragraph 2: "As soon as I arrived in Southeast Asia, I was struck by the beauty of the landscape, the warmth of the people, and the rich culture."

- Paragraph 3: "However, my trip was not all sunshine and rainbows. I had to face many challenges, including language barriers and cultural differences."

- Paragraph 4: "The most significant impact of my trip abroad was the people I met along the way."

에세이의 세 본문 문단 각각에 대한 주제 문장은 다음과 같습니다:

- 문단 2: "동남아시아에 도착하자마자 아름다운 풍경과 사람들의 따뜻한 마음, 풍부한 문화에 감탄했습니다."

- 문단 3: "하지만 여행이 햇살과 무지개만 있는 것은 아니었습니다. 언어 장벽과 문화적 차이 등 많은 어려움에 직면해야 했습니다."

- 문단 4: "해외여행에서 가장 큰 영향을 받은 것은 여행 중에 만난 사람들이었습니다."

각 문단의 첫 문장을 주제 문장으로 찾아주었습니다. 그리고 주제 문장 이후에 나오는 문장들은 모두 주제 문장을 뒷받침하는 내용입니다.

마지막으로 결론 부분을 살펴볼까요? 결론 문단은 본문에서 다룬 요지를 재진술하고 주제와 관련된 의미나 시사점을 제시합니다. 특히 서론에서 사용된 논지문을 다시 한번 언급하여 에세이의 가장 중요한 내용을 상기시키는 역할을 합니다.

Prompt

👤 Where is the thesis statement in the last paragraph?

마지막 문단의 논지문은 어디에 있나요?

The thesis statement in this essay is located in the last paragraph of the essay, which begins with the sentence "In conclusion, my trip abroad was truly life-changing." This sentence summarizes the main idea of the essay and restates the author's thesis, which is that traveling abroad can be a life-changing experience. The following sentences in the concluding paragraph further explain the impact of the trip on the author's personal growth and development, emphasizing how the trip broadened their perspective, deepened their understanding of different cultures, and increased their appreciation for the small things in life. The concluding paragraph ends with a call to action, encouraging readers to take the opportunity to travel abroad themselves and experience the transformative power of travel.

이 에세이의 논지문은 에세이의 마지막 문단에 있으며, "결론적으로 해외여행은 정말 인생이 바뀌었습니다."라는 문장으로 시작됩니다. 이 문장은 에세이의 주요 아이디어를 요약하고 해외여행이 인생을 바꾸는 경험이 될 수 있다는 저자의 논지를 다시 한번 강조합니다. 결론 문단의 다음 문장은 여행이 저자의 개인적인 성장과 발전에 미친 영향을 더 자세히 설명하며, 여행을 통해 시야가 넓어지고 다른 문화에 대한 이해가 깊어졌으며 삶의 작은 것들에 대한 감사가 커졌다는 점을 강조합니다. 마지막 문단은 독자들이 직접 해외여행을 떠나 여행이 주는 변화의 힘을 경험해 볼 것을 권유하는 행동 촉구로 마무리됩니다.

지금까지 챗GPT가 생성한 서술 에세이 'A Life-Changing Trip Abroad'를 분석하며 에세이의 구조에 대해 자세히 살펴보았습니다. 에세이의 기본적인 구조를 익히는 것은 효과적인 에세이를 쓰는 데 반드시 필요한 작업입니다. 다음으로 에세이의 장르에 대해 살펴보겠습니다.

에세이의 장르

세상에는 무수히 많은 글이 있으며 글의 종류도 매우 다양합니다. 하지만 우리 영작문 교실에서는 에세이를 쓰는 것이 목표이고 여러 에세이 중에서도 가장 대표적인 장르를 선별해서 다룹니다. 수업 시간에 어떤 에세이 장르를 다룰 것인지도 중요한 문제이기 때문에 챗GPT에게 다음과 같이 요청해 보겠습니다.

Prompt

Show me four popular essay genres and list some example topics.

대표적인 에세이 장르 네 가지를 보여 주고 몇 가지 예시 주제를 나열하세요.

Certainly! Here are four popular essay genres with some examples of topics:

- Narrative Essay: This genre involves telling a story or describing a personal experience.

"The Day I Got Lost in the Wilderness"

"My First Day of High School"

"A Life−Changing Trip Abroad"

− Descriptive Essay: This genre involves using sensory details to paint a vivid picture of a person, place, or thing.

"The Serenity of a Beach Sunset"

"The Bustling City Streets of New York"

"The Sweet Aroma of Freshly Baked Cookies"

− Expository Essay: This genre involves explaining or describing a concept or idea in detail.

"The Process of Photosynthesis"

"The History of the Internet"

"The Effects of Social Media on Mental Health"

− Argumentative Essay(Persuasive Essay): This genre involves presenting an argument and attempting to persuade the reader to agree with your point of view.

"Why Recycling Should be Mandatory"

"The Benefits of Exercise for Mental Health"

"The Importance of Learning a Second Language"

물론이죠! 다음은 인기 있는 에세이 장르 네 가지와 주제에 대한 몇 가지 예시입니다:

– 서술 에세이: 이 장르는 이야기를 들려주거나 개인적인 경험을 묘사하는 것을 포함합니다.

"내가 황무지에서 길을 잃은 날"

"고등학교 입학 첫날"

"인생을 바꾼 해외여행"

– 묘사 에세이: 이 장르는 감각적인 디테일을 사용하여 사람, 장소 또는 사물에 대한 생생한 그림을 그리는 것을 포함합니다.

"해변 일몰의 고요함"

"뉴욕의 분주한 도시 거리"

"갓 구운 쿠키의 달콤한 향기"

– 설명 에세이: 이 장르는 개념이나 아이디어를 자세히 설명하거나 묘사하는 것을 포함합니다.

"광합성의 과정"

"인터넷의 역사"

"소셜 미디어가 정신 건강에 미치는 영향"

– 논증(설득) 에세이: 이 장르에는 주장을 제시하고 독자가 자신의 관점에 동의하도록 설득하는 시도가 포함됩니다.

"재활용이 의무화되어야 하는 이유"

"정신 건강을 위한 운동의 이점"

"제 2 언어 학습의 중요성"

챗GPT는 서술 에세이, 묘사 에세이, 설명 에세이, 논증 에세이를 가장 중요한 에세이 장르로 제시하고 있습니다. 우리 교실에서도 이 네 가지 장르의 에세이를 다루게 될 것입니다. 자, 하나씩 살펴볼까요?

첫 번째로 서술 에세이는 자신의 개인적인 이야기입니다. 시간의 흐름에 따라 사건의 시작–중간–끝을 서술하며, 개인적인 경험에서 허구의 이야기까지 다양한 주제로 글을 작성할 수 있습니다. 서술 에세이의 결론은 사건을 통해 배운 점, 사건이 저자의 인생에 미친 교훈이나 시사점에 대해 쓰는 경우가 많습니다.

두 번째로 묘사 에세이는 이름에서 알 수 있듯이 한 대상이나 경험을 자세하게 묘사하는 글쓰기입니다. 이러한 유형의 에세이는 감각적인 디테일과 생생한 언어를 사용하여 주제를 생동감 있게 표현합니다. 서론과 결론에는 대상을 묘사하는 이유를 명시하는 경우가 많습니다.

세 번째로 설명 에세이는 주제에 대해 균형 잡힌 분석을 제시하고 증거와 예시를 통해 주제를 설명하는 것이 목적입니다. 대표적으로 비교−대조 에세이(Compare and Contrast Essay), 원인−결과 에세이 (Cause and Effect Essay)가 있습니다.

마지막으로 논증 에세이는 설득 에세이(Persuasive Essay)라고도 하는데 독자가 저자의 관점을 받아들이거나 특정 행동을 하도록 설득하는 것을 목표로 합니다. 저자는 타당한 증거와 함께 자신의 명확한 주장을 제시하며 독자에게 지속적인 인상을 남기는 강력한 결론으로 마무리합니다.

지금까지 네 가지 대표적인 에세이 장르를 살펴보았습니다. 서술 에세이와 묘사 에세이는 이야기와 묘사라는 측면에서 비슷한 점이 많습니다. 이야기를 전개하면서 글에 자연스럽게 묘사가 들어가는 경우도 많기 때문이지요. 또한 설명 에세이와 논증 에세이도 공통점이 많습니다. 특정 주제에 대한 주장을 하기에 앞서 주제에 대한 논리적인 설명이 필요한 경우가 많기 때문입니다. 그래서 사실 두 장르의 명확한 경계가 모호할 때가 있습니다. 하지만 글의 목적이 이야기, 묘사, 설명,

설득으로 차이가 있음을 알아두세요.

자, 에세이의 장르를 알아보았으니 이제부터는 실제로 에세이를 쓸 때 어떤 과정을 거쳐야 하는지를 좀 더 살펴보겠습니다.

에세이를 쓰는 여섯 단계

좋은 글은 한 번에 마술처럼 나오지 않습니다. 좋은 에세이를 쓰기 위해서는 반드시 거쳐야 하는 글쓰기의 단계들이 있습니다. 챗GPT에게 다음과 같이 질문해 보겠습니다.

Prompt

👤 에세이를 쓰는 여섯 단계에 대해서 알려 주세요.

🔘 에세이를 쓰는 여섯 단계는 다음과 같습니다.

1. 주제 선정하기

에세이를 쓰기 전에 먼저 주제를 선정해야 합니다. 주제는 자신이 흥미 있는 분야나 경험, 사건, 현상 등 다양한 것들이 될 수 있습니다.

2. 아이디어 생각하기

주제를 선정한 후, 아이디어를 수집합니다. 자료 조사를 통해 관련 정보를 수집하고, 그것을 종합하여 새로운 아이디어를 만듭니다.

3. 아웃라인 작성하기

아이디어를 구체화하고 정리한 뒤, 아웃라인을 작성해야 합니다. 아웃라인은 글의 구조를 정하는 것으로, 서론, 본론, 결론 등의 내용을 담아야 합니다.

4. 초안 작성하기

아웃라인을 바탕으로 글을 작성하는 단계입니다. 이때, 내용과 구조에 신경 써야 합니다. 이 단계에서는 완벽하지 않아도 됩니다. 중요한 것은 내용을 담는 것입니다.

5. 수정 및 편집하기

초안을 작성한 뒤, 피드백을 받고 수정합니다. 이때, 글의 흐름이 자연스럽게 이어지는지, 문장이 길지 않고 명확한지, 맞춤법과 문법이 맞는지 등을 확인해야 합니다.

6. 최종안 작성하기

수정 작업을 마친 후 에세이를 완성합니다. 이때, 한 번 더 오타, 문법, 논리, 표현 등을 체크하고, 더 나은 표현이 있는지 고민해 보는 것이 좋습니다. 제출 기한을 지키기 위해 충분한 시간을 남겨두고, 마지막으로 검토를 한 후에 제출합니다.

주제 선정하기	아이디어 생각하기	아웃라인 작성하기	초안 작성하기	수정 및 편집하기	최종안 작성하기
·주제 탐색	·아이디어 생성 ·아이디어 선정	·아이디어 조직	·텍스트 생산 ·1st draft	·ChatGPT / peer feedback ·Self-editing ·2nd / 3nd draft	·**퇴고** ·Final draft

에세이를 쓰는 여섯 단계

챗GPT가 좋은 에세이를 쓰기 위한 여섯 단계를 잘 안내하고 있습니다. 통상 1~3단계까지는 초안을 쓰기 위한 밑그림을 그리는 쓰기 전 단계입니다. 쓰기 전 단계는 글을 쓰기 위한 정보를 수집하고 아이디어를 조직하는 단계입니다. 사실 이 단계는 실제로 글을 쓰는 단계만큼 중요합니다. 실제로 쓰기 학습의 초기에 많은 학생들이 "무엇을 써야 할지 모르겠어요." 혹은 "어떻게 쓸 내용을 마련할지 모르겠어요."라며 쓰기 내용 생성에 어려움을 호소하는 경우가 많습니다. 그래서 글을 쓰기 전 글을 쓰기 위한 준비를 치밀히 하는 것이 정말 중요합니다. 이제 4단계부터는 쓰기 전 단계에서 구상했던 내용들을 문자로 실체화하는 과정입니다. 그리고 5~6단계를 통해 학생들은 글의 의미를 점차 명료화하게 됩니다. '4. 초안 작성하기' 단계 이후에는 초안(1st draft)을, '5. 수정 및 편집하기' 단계 이후에는 2차 초안(2nd draft)[11]을, 그리고 마지막 '6. 최종안 작성하기' 단계 이후에는 최종안(final draft)이 나오게 됩니다.

이제부터는 앞서 살펴본 네 가지 에세이 장르별로(Narrative, Descriptive, Expository, Argumentative Essay) 글쓰기의 단계를 좀 더 자세히 살펴보겠습니다. 그리고 실제로 아이디어 단계에서부터 글이 완성되는 단계까지의 과정을 살펴보기 위해 영작문 수업에 참여한 학생 네 명의 글쓰기 과정을 직접 따라가 보도록 하겠습니다. 그리고 학생들이 에세이 쓰기의 각 단계에서 챗GPT를 어떻게 활용하였는지도 같이 살펴보겠습니다.

Tip

결과 중심 쓰기 접근법(Product-Oriented Writing Approach) vs. 과정 중심 쓰기 접근법(Process-Oriented Writing Approach)

글쓰기에는 대표적으로 두 가지 접근법이 있는데요. 결과 중심 쓰기 접근법과 과정 중심 쓰기 접근법입니다. 결과 중심 쓰기 접근법은 학생들이 생산한 글, 즉 쓰기의 결과에 지도의 초점을 두는 것을 말합니다. 반면 과정 중심 쓰기 접근법은 쓰기의 결과보다는 필자가 쓰기를 하면서 거쳐 가게 되는 쓰기의 단계에 교육의 초점을 두는 것입니다. 그래서 결과 중심 쓰기 접근법에서는 학생들에게 모범 문단이나 모범적인 글을 모방하는 것을 강조합니다. 하지만 과정 중심 쓰기 접근법에서는 능숙한 필자의 글쓰기 과정을 고찰하여 글을 쓸 때 필자가 거쳐야 하는 쓰기의 단계를 설정한 후 학생들이 글을 쓸 때 이러한 쓰기의 과정에 따라 글을 쓰도록 지도합니다.

역사적으로 쓰기를 가르치는 초기 방법은 결과 중심 쓰기 접근법이었습니다. 그러다 점차 과정 중심 쓰기 접근법으로 옮겨가다가, 이후에는 결과 중심 쓰기 접근법과 과정 중심 쓰기 접근법을 적절하게 혼합하여 적용하는 글쓰기 방법들이 등장하였습니다. 본 책에서는 에세이 결과물보다 결과물을 만들어 나가는 창의적인 과정을 중시한다는 입장에서 과정 중심 쓰기 접근법을 기본으로 사용합니다.

---

11 챗GPT나 동료 피드백 이후 자신의 글을 숙고하여 추가적인 수정이 있다면 3차 초안(3rd draft), 4차 초안(4th draft)도 가능합니다.

장르별 에세이 쓰기

서술 에세이(Narrative Essay) : 민규's writing

민규는 자신의 이야기를 글로 쓰고자 합니다. 민규의 글쓰기 과정을 단계별로 살펴보겠습니다.

Step 1. 주제 선정하기

서술 에세이는 사건, 경험, 상황 등에 대한 개인적인 이야기를 서술하는 글쓰기 형식입니다. 주로 자신의 경험을 통해 얻은 교훈이나 생각, 감정 등을 표현하며, 일상적인 경험에서부터 특별한 경험까지 다양한 주제를 다루기도 합니다. 민규는 서술 에세이의 주제가 바로 떠오르지 않아 챗GPT에게 다음과 같이 요청하였습니다.

Prompt

Recommend good topics for a narrative essay.

서술 에세이에 좋은 주제 추천해 주세요.

A good topic for a narrative essay is a personal experience that has taught you an important lesson or had a significant impact on your life. This could be an event that changed your perspective, a moment that challenged you, or a memory that shaped who you are today. Here are some ideas to get you started:

1. A time when you faced a fear or overcame a challenge

2. A moment that changed your perspective on life

3. An experience that taught you the importance of friendship or family

4. A memorable travel experience

5. An event that inspired you to pursue a particular career or passion

6. A lesson you learned from a mistake or failure

7. A childhood memory that has stayed with you

8. A relationship that impacted your life

9. A significant accomplishment that you achieved

10. A moment that taught you the value of perseverance or resilience

서술 에세이의 좋은 주제는 중요한 교훈을 얻었거나 인생에 큰 영향을 준 개인적인 경험입니다. 관점을 바꾼 사건, 도전했던 순간, 지금의 나를 만든 기억 등 다양한 주제가 있을 수 있습니다. 다음은

시작하기 위한 몇 가지 아이디어입니다:

1. 두려움에 직면했거나 도전을 극복한 시간

2. 인생에 대한 관점을 바꾼 순간

3. 우정이나 가족의 소중함을 깨달은 경험

4. 기억에 남는 여행 경험

5. 특정 직업이나 열정을 추구하도록 영감을 준 사건

6. 실수나 실패를 통해 얻은 교훈

7. 기억에 남는 어린 시절의 추억

8. 인생에 영향을 준 관계

9. 달성한 중요한 업적

10. 인내심이나 회복탄력성의 가치를 깨달은 순간

Step 2. 아이디어 생각하기

민규는 챗GPT가 제안한 여러 주제를 살펴보다 기억에 남는 여행 경험(4. A memorable travel experience)이라는 항목에 눈길이 갔습니다. 민규는 어린 시절 가족과 함께 미국을 여행한 적이 있었는데, 출발 전의 큰 기대와는 달리 실제 미국 여행은 매우 실망스러웠던 기억이 있습니다. 그 이야기를 에세이로 써보면 어떨까 생각하였습니다. 민규는 주제에 대해 좀 더 구체적인 아이디어를 떠올리기 위해 챗GPT에 다음과 같은 프롬프트를 넣었습니다.

I have a childhood memory of traveling to the United States with my family and being very disappointed in the actual trip, in contrast to the great expectations I had before departure. I want to write about it in a narrative essay in chronological order, and I need you to brainstorm ideas for this essay.

저는 어렸을 때 가족과 함께 미국 여행을 떠났는데, 출발 전의 큰 기대와는 달리 실제 여행에서 매우 실망했던 기억이 있습니다. 그 기억을 시간 순서대로 서술 에세이로 쓰고 싶은데, 이 에세이에 대한 아이디어를 브레인스토밍해 주세요.

Sure, here are some ideas for your narrative essay:

– Introduction:

- Begin with an anecdote or description of your expectations before the trip.

- Provide some background information about the trip, such as the reason for it, who went, and how old you were at the time.

- End with a thesis statement that expresses the main

point of the essay.

− Paragraph 1: Pre−trip excitement

• Describe your anticipation and excitement leading up to the trip, including the planning and preparation that went into it.

• Explain what you were looking forward to experiencing in the United States.

• Include sensory details and emotions to help the reader understand your perspective.

− Paragraph 2: Travel and arrival

• Describe the journey to the United States, including any airports, flights, or modes of transportation.

• Explain how you felt during the journey and upon arrival in the United States.

• Include any initial impressions you had of the country or culture.

− Paragraph 3: Reality sets in

• Describe the moments when you realized that the trip was not going to meet your expectations.

• Explain the specific reasons why you were disappointed,

such as the weather, accommodations, or activities.

- Include any reactions or emotions you had in response to the disappointment.

– Paragraph 4: Coping with disappointment

- Describe how you coped with the disappointment, such as trying to find alternative activities or distracting yourself with something else.

- Explain any positive experiences you had on the trip despite the disappointment, such as bonding with family members or discovering something unexpected.

- Include any reflections you had about how to handle disappointment in the future.

– Paragraph 5: Lessons learned

- Summarize the lessons you learned from the experience, such as how to manage expectations, the importance of flexibility, or the value of perspective.

- Explain how the experience has impacted you since then.

- End with a concluding statement that ties together

the main points of the essay and offers some final
thoughts.

물론이죠, 서술 에세이를 위한 몇 가지 아이디어가 있습니다:

- 서론:

- 여행 전의 일화나 기대에 대한 설명으로 시작하세요.

- 여행 이유, 함께 간 사람, 당시 나이 등 여행에 대한 배경 정
  보를 제공하세요.

- 에세이의 요점을 표현하는 논지문으로 마무리하세요.

- 문단 1: 여행 전 설렘

- 여행 계획과 준비를 포함하여 여행에 대한 기대와 설렘을 설
  명하세요.

- 미국에서 어떤 경험을 하고 싶었는지 설명하세요.

- 독자가 여러분의 관점을 이해하는 데 도움이 되도록 감각적
  인 세부 사항과 감정을 포함하세요.

- 문단 2: 여행 및 도착

- 공항, 항공편 또는 교통수단을 포함하여 미국으로의 여정을
  설명하세요.

- 여행 중과 미국에 도착했을 때 어떤 느낌이 들었는지 설명하
  세요.

- 미국이나 문화에 대한 첫인상을 포함하세요.

- 문단 3: 현실이 시작되다

- 여행이 기대에 미치지 못한다는 것을 깨달은 순간을 설명하세요.

- 날씨, 숙소, 액티비티 등 실망한 구체적인 이유를 설명하세요.

- 실망에 대한 당신의 반응이나 감정도 포함하세요.

- 문단 4: 실망에 대처하기

- 다른 활동을 찾거나 다른 일에 주의를 돌리는 등 실망스러운 상황에 어떻게 대처했는지 설명하세요.

- 가족과의 유대감이나 예상치 못한 발견 등 실망스러운 경험에도 불구하고 여행에서 얻은 긍정적인 경험에 대해 설명하세요.

- 앞으로 실망스러운 상황에 대처하는 방법에 대한 성찰도 포함하세요.

- 문단 5: 교훈

- 기대치를 관리하는 방법, 유연성의 중요성, 관점의 가치 등 경험을 통해 얻은 교훈을 요약하세요.

- 그 경험이 그 이후로 자신에게 어떤 영향을 미쳤는지 설명하세요.

- 에세이의 요점을 하나로 묶고 마지막 생각을 제시하는 결론 문장으로 마무리합니다.

Step 3. 아웃라인 작성하기

민규는 Step 2에서 챗GPT의 도움을 받아 '실망스러운 여행'이라는 에세이 주제에 포함될 여러 가지 아이디어를 생성할 수 있었습니다. Step 3에서는 실제로 에세이를 작성하기 위해 아이디어를 구체화하고 에세이 작성에 필요한 큰 틀(아웃라인)을 만들어야 하는데요, 이번에도 챗GPT에게 다음과 같이 부탁해 보도록 하겠습니다.

Prompt

I have a childhood memory of traveling to the United States with my family and being very disappointed in the actual trip, in contrast to the great expectations I had before departure. I want to write about it in a narrative essay in chronological order, and I need you to make a 5 paragraph narrative essay outline.

어렸을 때 가족과 함께 미국 여행을 떠났는데 출발 전의 큰 기대와는 달리 실제 여행에서 매우 실망했던 기억이 있습니다. 이에 대해 시간 순으로 서술형 에세이로 쓰고 싶은데, 다섯 문단의 서술형 에세이 개요를 작성해 주세요.

Sure, I can help you with that! Here's a 5-paragraph

narrative essay outline on your childhood memory of traveling to the United States:

I. Introduction

A. Hook: A brief description of your childhood memory of traveling to the United States and the disappointment you felt

B. Background information: Why you were excited to go to the United States

C. Thesis statement: Despite having great expectations for the trip, your actual experience in the United States was disappointing.

II. Pre—Departure Excitement

A. Description of your anticipation leading up to the trip

B. The preparations made for the trip

C. Your expectations of the United States based on what you had seen in the media

III. Arrival and Initial Impressions

A. Description of your first impressions of the United States

B. Contrast between your expectations and reality

C. The disappointment you felt during your first days in the United States

IV. Disappointing Experiences

A. Description of specific experiences that disappointed you

B. Examples of cultural differences that were difficult to adjust to

C. The impact of these experiences on your overall impression of the United States

V. Conclusion

A. Recap of the disappointment you felt during the trip

B. Reflection on how this experience has shaped your perspective on travel and expectations

C. Final thoughts on the importance of managing expectations when traveling to new places.

물론 도와드릴 수 있습니다! 어린 시절 미국 여행에 대한 기억을 다섯 문단으로 요약한 서술 에세이를 작성하세요:

I. 서론

A. Hook: 어린 시절 미국 여행에 대한 기억과 느꼈던 실망에 대한 간략한 설명

B. 배경 정보: 미국에 가기를 기대했던 이유

C. 논지문: 미국 여행에 대한 기대가 컸지만, 실제 미국에서의 경험은 실망스러웠습니다.

II. 출발 전 설렘

A. 여행에 대한 기대에 대한 설명

B. 여행을 위한 준비 과정

C. 미디어에서 본 내용을 바탕으로 한 미국에 대한 기대치

III. 도착 및 첫인상

A. 미국에 대한 첫인상에 대한 설명

B. 기대와 현실의 대조

C. 미국에서의 첫날에 느꼈던 실망감

IV. 실망스러운 경험

A. 당신을 실망시킨 구체적인 경험에 대한 설명

B. 적응하기 어려웠던 문화적 차이의 예

C. 이러한 경험이 미국에 대한 전반적인 인상에 미친 영향

V. 결론

A. 여행 중 느낀 실망스러운 점 요약

B. 이 경험이 여행에 대한 관점과 기대에 어떤 영향을 미쳤는지
에 대한 성찰

C. 새로운 장소를 여행할 때 기대치를 관리하는 것의 중요성에
대한 마지막 생각

Step 4. 초안 작성하기

드디어 아웃라인이 완성되었습니다. 이번 단계는 완성된 아웃라인을 바탕으로 글을 직접 작성하는 단계입니다. 세세한 표현과 문법보다는 글의 전체적인 구조를 확인하고 이를 바탕으로 내용을 채우는 것이 중요합니다. 또한 이 단계에서는 글의 독창성이 매우 중요합니다. 우리 영작문 수업에서 이 단계만큼은 챗GPT 같은 AI 도구 사용을 금지하고 스스로의 힘으로 초안을 작성하도록 강조하고 있습니다. 특히 서술 에세이에서 초안 작성을 챗GPT에 의존한다면 자신의 경험이 담기지 않은 특색 없는 글이 나올 수밖에 없습니다. 다음은 앞서 완성된 아웃라

인을 바탕으로 민규가 교실에서 직접 쓴 초안입니다.

My Trip to America

(1st draft)

To a young child like me, America was a dreamland full of opportunity and hope. That was why I eagerly looked forward to our family trip to the Eastern States. I expected my travel to be one of the most fantastic experiences in my entire life. However, what I found before long was my hope shattered through the rushing winds of reality, and a bitter wave of disappointment.

Before the flight, I was very delighted and joyfully waited the day of departure. The day eventually came in front of me. Full of anticipation, our family started the boarding procedures hours before the flight. After the check−in, we waited a long time, predicting about what will happen half the globe away. Finally, the time came, and we all boarded on the plane. It was my first experience on a flight for such a long time. My parents told me to sleep, but I could hardly close my eyes, watching the magnificent midair view, which lessened my sleeping time. Naturally I lost track of time, and when the plane arrived, I was exhausted. My family were also tired because of the huge time difference. Nevertheless, the guide came and the tour immediately started. We began our journey riding on the lengthy travel bus.

The summer sunshine was blazing and there were no shades on the bus. Most the clothes I prepared were short-sleeved, so I unintendedly took a sunbath until nightfall. The bus often stopped and we were told to enter some attractions. But under the sweltering heat, it was even difficult to open my eyes and see the buildings. I started to feel regret about planning the trip. I looked into my family, wondering if it is just me. My mom also seemed to be worn out as me. My dad and my brother were slightly better than us, but were not very different. As we headed to the restaurant for dinner, I was grateful that the daily schedule has finally ended. After dinner, we all quickly headed to the hotel and fell into a deep sleep.

Next morning, I still had the jet lag, but was in

much better shape. Now my eyes started to catch sight of the scenery around myself. What I found was just a large town, having no much difference with Korea. I had expected something very special, which I cannot even imagine before the trip, but it turned out to be false. The only things new were some historical sites and natural heritages, but I was not that interested on them. What I wanted was a high-tech city similar to those on the movies.

The ten days in America passed quickly, mostly because I was sleeping on the bus. When I returned home, I was depressing that almost half of the summer vacation just disappeared without any memorable moments. After the failure, I started to dislike traveling abroad. It continued until three years after when my family scheduled a trip to Singapore.

나의 미국 여행

(1차 초안)

저 같은 어린 아이에게 미국은 기회와 희망으로 가득한 꿈의 나라였습니다. 그래서 저는 미국 동부로의 가족 여행을 간절히 고대했습니다. 제 인생에서 가장 환상적인 경험 중 하나가 될 것으로 기대했습니다. 하지만 얼마 지나지 않아 제 희망은 현실의 거센 바람에 산산이 부서지고 쓰라린 실망의 물결이 밀려왔습니다.

비행기를 타기 전에는 매우 기뻤고 출발하는 날을 즐겁게 기다렸습니다. 드디어 그날이 눈앞에 다가왔습니다. 기대감에 가득 찬 우리 가족은 비행 몇 시간 전부터 탑승 수속을 시작했습니다. 체크인을 마치고 지구 반 바퀴 떨어진 곳에서 어떤 일이 일어날지 예측하며 한참을 기다렸습니다. 드디어 시간이 되어 모두 비행기에 탑승했습니다. 이렇게 오랜 시간 비행기를 타는 것은 처음이었습니다. 부모님은 잠을 자라고 하셨지만 저는 눈을 감을 수가 없었고 웅장한 공중 경치를 보며 잠을 청했습니다. 당연히 시간 가는 줄 몰랐고 비행기가 도착했을 때 저는 지쳐 있었습니다. 가족들도 큰 시차 때문에 피곤해했습니다. 그럼에도 불구하고 가이드가 도착했고 곧바로 투어가 시작되었습니다. 우리는 긴 여행 버스를 타고 여행을 시작했습니다.

여름 햇살은 따가웠고 버스 안에는 그늘막도 없었습니다. 준비해간 옷이 대부분 반팔이어서 해가 질 때까지 본의 아니게 일광욕을 했습니다. 버스는 자주 멈췄고 우리는 몇 가지 명소에 들어가라는 지시를 받았습니다. 하지만 무더운 날씨에 눈을 뜨고 건물을 보는 것조차 어려웠습니다. 여행을 계획한 것이 후회스러워지기 시작했습니다. 나만 그런 건가 싶어 가족들을 들여다보았습니다. 엄마도 저처럼 지쳐있는 것 같았습니다. 아빠와 동생은 우리보다 조금 낫긴 했지만 크게 다르지 않았습니다. 저녁 식사를 위해 식당으로 향하면서 하루 일정이 드디어 끝났다는 사실에 감사했습니다. 저녁 식사 후 우리 모두는 재빨리 호텔로 향했고 깊은 잠에 빠졌습니다.

다음 날 아침, 시차적응은 여전히 남아 있었지만 컨디션은 훨씬 나아졌습니다. 이제 제 눈에는 주변 풍경이 보이기 시작했습니다. 한국과 크게 다르지 않은 큰 도시가 눈에 들어왔습니다. 여행 전에는 상상조차 할 수 없는 특별한 무언가를 기대했지만, 그것은 거짓으로 밝혀졌습니다. 새로운 것은 유적지와 자연유산 몇 곳뿐이었는데, 그다지 흥미를 느끼지 못했습니다. 내가 원했던 것은 영화에 나오는 것과 비슷한 첨단 도시였습니다.

미국에서의 열흘은 버스에서 잠을 자느라 금방 지나갔습니다. 집에 돌아왔을 때 여름 방학의 거의 절반이 기억에 남는 순간 없이 사라졌다는 사실에 우울했습니다. 그 실패 이후 저는 해외 여행을 싫어하기 시작했습니다. 그건 3년이 지나 가족이 싱가포르 여행을 계획할 때까지 계속되었습니다.

Step 5. 수정 및 편집하기

드디어 1차 초안이 나왔습니다. 다음 단계는 초안에 대해 피드백을 받고 수정하는 단계입니다. 이때, 글의 흐름이 자연스럽게 이어지는지, 문장이 길지 않고 명확한지, 맞춤법과 문법이 맞는지 등을 확인해야 합니다.

영작문 교실에서 피드백은 크게 두 가지로 나눕니다. 그 중 첫 번째는 사람 피드백(Human-Feedback)입니다. 사람 피드백은 인공지능이나 기계가 아닌 사람이 직접 글을 읽고 글의 강점과 약점을 종합적으로 판단하여 개선 시킬 수 있는 의견을 제시하는 것입니다. 사람 피드백은 친구나 선생님으로부터 받을 수 있는데 특히 자신의 에세이가 친구들의 눈에 어떻게 받아들여지는지 확인할 수 있는 동료 피드백(Peer-Feedback)은 매우 중요합니다. 동료 피드백을 통해서 글에서 사용한 문장 구조나 논리가 친구들에게 잘 받아들여지는지 꼭 확인하여야 하며 그렇지 못한 경우는 반드시 수정이 필요합니다.

아래 그림은 친구들이 민규의 글을 읽어 보고 준 동료 피드백입니다. 우리 영작문 교실에서 동료 피드백은 마이크로소프트 팀즈(Teams) 앱의 공유문서에서 이루어집니다. 먼저 3인 1조로 조를 편성하여 공유 채널에 자신의 에세이 초안을 업로드합니다. 이후 업로드된 친구의 글을 읽고 전반적인 소감, 글이나 문장의 스타일, 문법이나 단어 수정 권고사항 등 글의 다양한 측면에 대한 의견을 메모 형식으로 공유합니다.

두 번째 피드백은 인공지능 도구에게 받는 AI 피드백(AI-Feedback)입니다. AI 피드백은 인공지능 기술을 활용하여 작성한 글을 분석하는

마이크로소프트 팀즈 공유 문서를 활용한 에세이 동료 피드백

방법으로 문법, 맞춤법, 표현력 등의 글의 다양한 측면에서 발생하는 오류를 확인하고 개선 방법을 제안받는 것입니다. 우리 영작문 교실에서는 챗GPT와 Grammarly를 사용하여 피드백을 받았습니다. 앞서 문단 쓰기에서 살펴본 바와 같이 에세이 쓰기에서도 완성된 에세이를 직접 챗GPT 입력창에 입력하고 다양한 프롬프트를 사용하여 피드백을 받을 수 있습니다. 문법에 맞게 문장을 수정하거나 다양한 단어 선택을 통해 글의 생동감을 높일 수도 있습니다. 또한 연결사를 활용하여 글을 좀 더 응집력 있게 만들 수도 있고 글을 좀 더 격식있게 혹은 유창하게 분위기를 바꿀 수도 있습니다. 그리고 글쓰기의 마지막 단계에서는 Grammarly

를 활용하여 문법 오류나 맞춤법, 구두점을 점검하였습니다.

이 과정에서 가장 주의할 점은 AI 피드백을 통해 받은 수정 사항을 실제로 글에 적용할지를 최종결정하는 것은 에세이 작성자 본인이라는 점입니다. 챗GPT를 통해 바꾼 표현이 자신의 의도에 맞지 않을 경우 혹은 챗GPT가 너무 과하게 수정하여 글의 독창성이 떨어지는 경우에는 피드백을 그대로 받아들여서는 안됩니다. 자신의 글에 맞는 피드백을 취사선택할 수 있는 능력이 꼭 필요합니다. 챗GPT의 피드백과 수정 이후 반드시 자신의 눈으로 글을 점검하고 다듬어 글을 온전히 자신의 것으로 만들어야 합니다.

이제부터 민규가 챗GPT를 활용하여 에세이를 어떻게 수정하였는지 살펴보겠습니다. 민규는 에세이의 전반적인 구조는 동일하게 유지하되 최소한의 변화를 통해 전체적으로 글의 가독성을 높이고 흐름을 원활하게 바꾸고 싶어 다음과 같은 프롬프트를 사용하였습니다.

Prompt

This is a five paragraph descriptive essay. Make slight changes to make the essay more readable and well-flowed. Make sure the overall structure of the essay stays the same, and try to make as little changes as you can.
이 글은 다섯 문단의 서술형 에세이입니다. 에세이의 가독성을 높이고 흐름을 원활하게 하기 위해 약간의 수정을 가하세요. 에세이의 전체 구조는 동일하게 유지하되 가능한 한 작은 변화를 주도록 하세요.

My Trip to America

(2nd draft)

As a young child, I was captivated by the idea of America as a dreamland of opportunities and hope. I eagerly looked forward to our family trip to the East coast, expecting it to be one of the most fantastic experiences in my entire life. However, reality hit me hard and shattered my hope, leaving me bitterly disappointed.

On the day of departure, I was filled with excitement and anticipation as our family began the boarding procedures hours before our flight. After the check-in, we waited for a long time, thinking about what would happen half the globe away. Finally, we boarded the plane, and despite my parents' advice to sleep, I found myself mesmerized by the stunning aerial view, making it difficult to sleep. My family were also tired because of the huge jet lag. Exhausted upon arrival, the jet lag only added to our fatigue. Nevertheless, the tour guide arrived, and we immediately began our journey on the travel bus.

The sweltering summer heat made the bus ride

unbearable, and the lack of shade meant I unintendedly sunbathed until nightfall, since the clothes I packed were mostly short-sleeved. I regretted planning the trip as we stopped at various attractions, unable to open my eyes and appreciate the scenery due to the heat. Looking around, my family was just exhausted as me. After dinner, we were all grateful that the daily schedule finally ended, so we could head to the hotel for much-needed rest.

The next morning, with a better night's sleep and a more refreshed mind, I started to notice the scenery around me. However, what I found was disappointing, as the city was not much different with my hometown in Korea. The buildings looked similar, and the landscape was also nothing special. What I expected was a high-tech city similar to those in the movies, but the only things new were some historical sites and natural heritages which I was not interested.

Despite the ten days passing quickly, it felt like a blur since I slept most of the time on the bus. I returned home feeling depressed, with almost half of the summer vacation gone without any memorable moments. As a result, I developed a dislike for traveling abroad, which lasted until three years later when my family scheduled a trip to Singapore.

나의 미국 여행

(2차 초안)

어렸을 때 저는 미국이 기회와 희망의 꿈나라라는 생각에 매료되었습니다. 저는 제 인생에서 가장 환상적인 경험 중 하나가 될 것이라 기대하며 동부 해안으로의 가족 여행을 간절히 고대했습니다. 하지만 현실은 저를 강타하고 제 희망을 산산조각 내버렸고 저는 몹시 실망했습니다.

출발 당일, 비행 몇 시간 전부터 우리 가족이 탑승 수속을 시작하면서 저는 설렘과 기대감으로 가득 찼습니다. 체크인을 마치고 지구 반 바퀴 떨어진 곳에서 무슨 일이 일어날지 생각하며 한참을 기다렸습니다. 드디어 비행기에 탑승했는데, 잠을 자라는 부모님의 충고에도 불구하고 저는 멋진 상공의 풍경에 넋을 잃고 잠을 이루기 어려웠습니다. 저희 가족도 엄청난 시차로 인해 피곤했습니다. 도착하자마자 지친 상태에서 시차까지 더해져 피로는 더욱 가중되었습니다. 그럼에도 불구하고 투어 가이드가 도착했고 우리는 곧바로 여행 버스를 타고 여행을 시작했습니다.

무더운 여름 날씨에 버스 안은 견딜 수 없을 정도로 더웠고, 그늘이 없어 해질녘까지 의도치 않게 햇볕을 쬐게 됐는데, 챙겨온 옷이 대부분 반팔 옷이었기 때문이죠. 더위 때문에 눈을 뜨고 경치를 감상하지 못한 채 여러 명소에 들르면서 여행을 계획한 것을 후회했습니다. 주위를 둘러보니 가족들도 저처럼 지쳐 있었습니다. 저녁을 먹고 나니 하루 일정이 모두 끝나서 감사하게도 호텔로 가서 푹 쉴 수 있었습니다.

다음 날 아침, 숙면을 취하고 상쾌한 마음으로 주변 풍경을 바라보기 시작했습니다. 하지만 한국의 고향과 크게 다르지 않은 도시 풍경에 아쉬움이 남았습니다. 건물도 비슷해 보였고 풍경도 특별할 것이 없었습니다. 영화 속 도시와 비슷한 첨단 도시를 기대했지만, 새로운 것은 유적지와 자연유산 몇 곳뿐이어서 흥미를 느끼지 못했습니다.

열흘이라는 시간이 금방 지나갔음에도 불구하고 대부분의 시간을 버스에서 잠을 잤기 때문에 흐릿하게 느껴졌습니다. 여름 방학의 거의 절반이 기억에 남는 순간 없이 지나간 것 같아 우울한 기분으로 집으로 돌아왔습니다. 그 후 해외 여행에 대한 거부감이 생겼고, 3년 후 가족이 싱가포르 여행을 계획할 때까지 지속되었습니다.

민규는 친구와 챗GPT의 피드백을 토대로 자신의 에세이를 수정하여(다른 색으로 표시된 부분은 1차 초본과 달라진 부분입니다) 2차 초안을 완성하였습니다. 하지만 민규는 2차 초안을 살펴보며 에세이를 자신의 의도와 맞게 조금 더 수정할 필요가 있겠다는 생각이 들었습니다. 처음보다는 나아졌지만 여전히 논리나 표현이 조금 모호한 부분이 있기 때문입니다. 그래서 다시 한번 에세이를 숙독하며 수정을 하였고, 이 과정을 통해 다음과 같이 세 부분이 추가로 바뀌었습니다(다른 색으로 표시된 부분은 챗GPT 수정 이후 추가로 수정된 부분입니다).

먼저, 두 번째 문단을 수정하여 가족이 비행을 마치고 피곤했다는 사실을 좀 더 감각적으로 묘사하였습니다.

Paragraph 2

Finally, we boarded the plane, and despite my parents' advice to sleep, I found myself mesmerized by the stunning aerial view, making it difficult to sleep. My family were also tired because of the huge jet lag. Exhausted upon arrival, the jet lag only added to our fatigue. Nevertheless, the tour guide arrived, and we immediately began our journey on the travel bus.

▼

Paragraph 2

Finally, we boarded the plane, and despite my parents' advice to sleep, I found myself mesmerized by the stunning aerial view that sleeping became impossible. My family was also tired because of the huge jet lag. As a result, after the plane landed, we were all completely drained and staggered like zombies. Nevertheless, the tour guide arrived, and we immediately began our journey on the travel bus.

다음으로 세 번째 문단에서도 챗GPT가 제안한 분사구문(Looking around, my family~) 대신 좀 더 간단하게 접속사를 사용하여 문장을 풀어써(As I looked around, my family~) 독자의 이해를 도왔고, so ~ that과 같은 표현을 통해 문장의 인과관계를 명확하게 표현하였습니다.

Paragraph 3

The sweltering summer heat made the bus ride unbearable, and the lack of shade meant I unintendedly sunbathed until nightfall, since the clothes I packed were mostly short—sleeved. I regretted planning the trip as we stopped at various attractions, unable to open my eyes and appreciate the scenery due to the heat. Looking around, my family was just exhausted as me. After dinner, we were all grateful that the daily schedule finally ended, so we could head to the hotel for much—needed rest.

▼

Paragraph 3

The sweltering summer heat made the bus ride unbearable, and the absence of shade caused me to unintentionally get sunburned until nightfall due to my mostly short—sleeved clothing. The heat was so intense that I couldn't even open my eyes to appreciate the scenery. Naturally, I started to regret coming on the trip. As I looked around, my family was just as exhausted as I was. After dinner, we were all grateful that the daily schedule had finally ended so we could head to the hotel for much—needed rest.

또한 네 번째 문단에서도 다음과 같이 수정하여 여행 두 번째 날의 기대-실망에 대해 조금 더 자세한 맥락과 당시의 느낌을 추가하였습니다.

Paragraph 4

The next morning, with a better night's sleep and a more refreshed mind, I started to notice the scenery around me. However, what I found was disappointing, as the city was not much different with my hometown in Korea. The buildings looked similar, and the landscape was also nothing special. What I expected was a high-tech city similar to those in the movies, but the only things new were some historical sites and natural heritages which I was not interested.

▼

Paragraph 4

The next morning, with a better night's sleep and a more refreshed mind, I started to notice the scenery around me. What I had envisioned before the trip was a technologically advanced metropolis reminiscent of the futuristic cities in science fiction films, with towering skyscrapers adorned with vibrant neon lights. However, what I found was disappointing, as the city was not much different from my hometown in Korea. The buildings and roads looked similar, and the landscape was nothing special, either. Even the store brands on the street were the same. The only new things were historical sites and natural heritages that didn't interest me.

그리고 마지막 문단에서 기존에는 '싱가포르 여행을 가기 전까지 여행을 꺼리는 마음이 지속되었다'라는 내용으로 마무리가 되었는데 수정본에서는 이번 여행을 통해 배우게 된 교훈('기대를 너무 높이지 않고 현실적이고 열린 마음으로 여행을 접근하겠다')을 추가하였습니다.

Paragraph 5
Despite the ten days passing quickly, it felt like a blur since I slept most of the time on the bus. I returned home

feeling depressed, with almost half of the summer vacation gone without any memorable moments. As a result, I developed a dislike for traveling abroad, which lasted until three years later when my family scheduled a trip to Singapore.

▼

Paragraph 5

The ten days in America passed quickly as I slept most of the time on the bus. After I returned home, I was very depressed that almost half of the summer vacation was gone without any memorable moments. In conclusion, my trip to the East Coast taught me a valuable lesson about expectations. Looking back at the experience, I realized that my expectations were too high, so I set myself up for disappointment. Since then, I have approached every trip with a more open and realistic mindset, which has led to more enjoyable and fulfilling experiences three years later in Singapore.

친구들의 피드백과 챗GPT의 피드백을 통해 2차 초안을 완성하였고, 이후 본인의 숙고를 통해 드디어 3차 초안이 완성되었습니다. 이제 마지막 단계만 남았습니다.

Step 6. 최종안 작성하기

드디어 마지막 단계입니다. 지금까지 피드백을 바탕으로 수정된 초안을 다시 한번 확인하고 최종 제출하는 단계입니다. 이때, 마지막으로 글을 숙독하며 오타, 문법, 논리, 표현 등을 체크하고 더 나은 표현이 있는지 고민해 보아야 합니다. 또한 맞춤법과 구두점도 다시 한번 확인해 보세요. 이때 Grammarly와 같이 문법 오류나 맞춤법, 구두점을 점검해 주는 프로그램은 특히 유용합니다. 민규도 3차 초안 버전을 Grammarly에 입력하고 최종 점검을 받았습니다. 그리고 프로그램이 제안해 준 여러 가지 내용 중(13 suggestions) 단어 교체나 구두점 오류

Grammarly를 활용한 에세이 마지막 수정 단계

등 다섯 가지의 작은 수정을 받아들였고 이후 최종본을 완성하였습니다. 이때 중요한 점은 프로그램이 권유하는 수정을 모두 다 할 필요는 없다는 것입니다. 물론 오탈자나 구두점 수정과 같은 부분은 웬만하면 받아들이는 것이 좋겠지만 단어나 표현을 수정하라는 제안은 수정된 단어나 표현이 자신의 글에 어울리는지를 숙고해 보아야 합니다.

드디어 민규의 서술 에세이가 완성되었습니다. 아래의 완성본과 1차 초안을 비교하여 글이 어떻게 바뀌었는지, 그리고 글이 얼마나 나아졌는지 꼭 한번 살펴보세요.

My Trip to America

(final)

As a young child, I was captivated by the idea of America as a dreamland of opportunities and hope. I eagerly looked forward to our family trip to the East Coast, expecting it to be one of the most fantastic experiences of my entire life. However, reality hit me hard and shattered my hopes, leaving me disappointed.

On the day of departure, I was filled with excitement and anticipation as our family began the boarding procedures hours before our flight. After the check-in, we waited for a long time, thinking about what would happen halfway around the world. Finally, we boarded the plane, and despite my parents' advice to sleep, I found myself mesmerized by the stunning aerial view that sleeping became impossible. My family was also tired because of the huge jet lag. As a result, after the plane landed, we were all completely drained and staggered like zombies. Nevertheless, the tour guide arrived, and we immediately began our journey on the travel bus.

The intense summer heat during the bus ride made it unbearable, and the absence of shade caused me to unintentionally get sunburned until nightfall due to my mostly short−sleeved clothing. The heat was so intense that I couldn't even open my eyes to appreciate the scenery. Naturally, I started to regret coming on the trip. As I looked around, my family was just as exhausted as I was. After dinner, we were all grateful that the daily schedule had finally ended so that we could head to the hotel for much−needed rest.

The following day, with a better night's sleep and a more refreshed mind, I started to notice the scenery around me. What I had envisioned before the trip was a technologically advanced metropolis reminiscent of the futuristic cities in science fiction films, with towering skyscrapers adorned with vibrant neon lights. However, what I found was disappointing, as the city was not much different from my hometown in Korea. The buildings and roads looked similar, and the landscape was nothing special, either. Even the store brands on the street were the same. The only new things were historical sites and natural heritages that didn't interest me.

The ten days in America passed quickly as I slept most of the time on the bus. After I returned home, I was very depressed that almost half of the summer vacation was gone without any memorable moments. In conclusion, my trip to the East Coast taught me a valuable lesson about expectations. Looking back at the experience, I realized that my expectations were too high, so I set myself up for disappointment. Since then, I have approached every trip with a more open and realistic mindset, which has led to more enjoyable and fulfilling experiences three years later in Singapore.

나의 미국 여행

(최종)

어렸을 때 저는 미국이 기회와 희망의 꿈나라라는 생각에 매료되었습니다. 저는 제 인생에서 가장 환상적인 경험 중 하나가 될 것이라 기대하며 동부 해안으로 떠나는 가족 여행을 간절히 고대했습니다. 하지만 현실은 저를 강타하고 제 희망을 산산조각 내며 실망감을 안겨 주었습니다.

출발 당일, 비행 몇 시간 전부터 우리 가족이 탑승 수속을 시작하면서 저는 설렘과 기대감으로 가득 찼습니다. 체크인을 마치고 지구 반대편에서 어떤 일이 일어날지 생각하며 한참을 기다렸습니다. 드디어 비행기에 탑승했고, 잠을 자라는 부모님의 충고에도 불구하고 저는 멋진 상공의 풍경에 넋을 잃고 잠을 이룰 수 없었습니다. 우리 가족도 엄청난 시차로 인해 피곤했습니다. 그 결과 비행기가 착륙한 후 우리 모두는 완전히 지쳐서 좀비처럼 비틀거리고 있었습니다. 그럼에도 불구하고 투어 가이드가 도착했고 우리는 즉시 여행 버스를 타고 여행을 시작했습니다.

버스를 타는 동안 여름의 무더위는 견딜 수 없을 정도였고, 그늘이 없어서 반팔 옷만 입었기 때문에 해질녘까지 의도치 않게 햇볕에 탔어요. 더위가 너무 강렬해서 경치를 감상하기 위해 눈을 뜰 수도 없었습니다. 당연히 여행에 온 것을 후회하기 시작했습니다. 주위를 둘러보니 가족들도 저만큼이나 지쳐 있었습니다. 저녁 식사 후, 우리 모두는 하루 일정이 드디어 끝나서 호텔로 가서 필요한 휴식을 취할 수 있다는 사실에 감사했습니다.

다음 날, 숙면을 취하고 상쾌한 마음으로 주변 경치가 눈에 들어오기 시작했습니다. 여행 전에는 공상 과학 영화에 나오는 미래 도시를 연상시키는 기술적으로 진보된 대도시와 화려한 네온사인으로 장식된 고층 빌딩을 상상했었죠. 하지만 한국의 고향과 크게 다르지 않은 도시라는 점이 실망스러웠습니다. 건물과 도로가 비슷해 보였고 풍경도 특별할 것이 없었습니다. 심지어 길거리의 상점 브랜드도 똑같았습니다. 새로운 것은 유적지와 자연유산뿐이었고, 그것에는 별다른 흥미를 느끼지 못했습니다.

대부분의 시간을 버스에서 잠을 자다 보니 미국에서의 열흘이 금방 지나갔어요. 집에 돌아온 후 여름 방학의 거의 절반이 기억에 남는 순간 없이 지나갔다는 사실에 매우 우울했습니다. 결론적으로 동부 해안 여행은 기대에 대한 소중한 교훈을 가르쳐 주었습니다. 그 경험을 되돌아보니 제 기대치가 너무 높았기 때문에 실망할 수 있다는 것을 깨달았습니다. 그 이후로 저는 모든 여행에 좀 더 개방적이고 현실적인 마음가짐으로 접근했고, 3년 후 싱가포르에서 더 즐겁고 만족스러운 경험을 할 수 있었습니다.

묘사 에세이(Descriptive Essay) : 지윤's writing

두 번째로 묘사 에세이를 쓰는 지윤이의 글쓰기 과정을 단계별로 살펴보겠습니다.

Step 1. 주제 선정하기

묘사 에세이는 이름에서 알 수 있듯이 사물, 장면, 인물, 감정 등을 상세하게 묘사하는 글쓰기 형식입니다. 주로 다양한 감각적 경험을 통해 느껴지는 인상적인 장면이나 특정 대상의 모습, 특징, 특징적인 냄새, 소리, 색감 등을 자세하게 서술하여 독자가 생생하게 상상할 수 있도록 합니다. 서술 에세이와 유사하지만, 서술 에세이가 자신의 경험을 바탕으로 이야기를 전개하는 반면, 묘사 에세이는 대상의 특징이나 외모, 특징적인 성격 등을 상세히 묘사하는 것에 초점을 두고 있습니다. 먼저 지윤이는 다음과 같은 프롬프트를 사용해 챗GPT에게 묘사 글쓰기에 적합한 좋은 주제를 추천받았습니다.

Prompt

Recommend good topics for a descriptive essay.

묘사 에세이에 좋은 주제를 추천해 주세요.

Certainly! Here are some additional topic ideas for a

descriptive essay:

1. A Childhood Memory: Describe a vivid memory from your childhood that has stayed with you over the years.

2. A Place: Choose a place that you know well, such as your hometown, a park, or a coffee shop, and describe it in detail.

3. A Person: Select someone who has had a significant impact on your life, and describe their appearance, personality, and mannerisms.

4. A Season: Write about your favorite season and describe the sights, sounds, and sensations that make it special to you.

5. A Work of Art: Choose a painting, sculpture, or other piece of art that you find particularly captivating, and describe it in detail.

6. A Sporting Event: Describe the experience of attending a sporting event, such as a baseball game or a football match, from the sights and sounds to the emotions of the crowd.

7. A Pet: Describe a beloved pet, including their

appearance, personality, and unique quirks.

8. A Special Occasion: Write about a special occasion, such as a wedding or a birthday party, and describe the atmosphere, decorations, and other details that made it memorable.

I hope these ideas help inspire your writing!

물론이죠! 다음은 묘사 에세이를 위한 몇 가지 추가 주제 아이디어입니다:

1. 어린 시절의 기억: 어린 시절의 생생한 기억 중 오랫동안 기억에 남는 것을 묘사하세요.

2. 장소: 고향, 공원, 커피숍 등 자신이 잘 알고 있는 장소를 선택하여 자세히 묘사하세요.

3. 사람: 자신의 삶에 큰 영향을 준 사람을 선택하고 그 사람의 외모, 성격, 매너리즘에 대해 설명하세요.

4. 계절: 가장 좋아하는 계절에 대해 쓰고 그 계절을 특별하게 만드는 광경, 소리, 감각을 묘사하세요.

5. 예술 작품: 특별히 매혹적인 그림, 조각품 또는 기타 예술 작품을 선택하고 자세히 설명하세요.

6. 스포츠 이벤트: 야구 경기나 축구 경기와 같은 스포츠 이벤

트에 참석한 경험을 광경과 소리, 관중들의 감정까지 묘사하세요.

7. 애완동물: 사랑하는 반려동물의 외모, 성격, 독특한 특징 등 반려동물에 대해 설명하세요.

8. 특별한 날: 결혼식이나 생일 파티와 같은 특별한 날에 대해 작성하고, 그 날의 분위기, 장식 및 기억에 남는 기타 세부 사항을 설명하세요.

이 아이디어가 글쓰기에 영감을 주는 데 도움이 되길 바랍니다!

Step 2. 아이디어 생각하기

지윤이는 고심 끝에 챗GPT가 제안해준 주제 중 장소 묘사(2. A Place: Choose a place that you know well, such as your hometown, a park, or a coffee shop, and describe it in detail)를 선택하였습니다. 그리고 지윤이가 교내에서 가장 좋아하고 가장 많은 시간을 보내는 장소인 학교 도서관을 묘사하기로 마음먹었습니다. 그런데 막상 도서관을 묘사하려니 어디서부터, 어떻게 시작해야 할지 막막하기만 합니다. 다음과 같이 또 도움을 받겠습니다.

Prompt

I am writing a descriptive essay about my favorite place –

the school library. Can you brainstorm some ideas using a mind map?

제가 가장 좋아하는 장소인 학교 도서관에 대한 묘사 에세이를 쓰고 있습니다. 마인드맵을 사용하여 몇 가지 아이디어를 브레인스토밍할 수 있나요?

Absolutely, here is a mind map with some brainstorming ideas for your descriptive essay about your favorite place, the school library:

가장 좋아하는 장소인 학교 도서관에 대한 묘사 에세이를 작성하기 위한 브레인스토밍 아이디어가 담긴 마인드맵을 소개합니다:

My Favorite Place: The School Library	내가 가장 좋아하는 장소: 학교 도서관
Appearance	**외관**
−Rows of bookshelves	−책꽂이 줄
−Comfortable seating	−편안한 좌석
−Soft lighting	−부드러운 조명
−Large windows	−큰 창문
−Quiet atmosphere	−조용한 분위기
Smells	**냄새**
−The scent of books	−책 향기

−Freshly cleaned carpets	−갓 청소한 카펫
−The aroma of coffee	−커피 향

Sounds

−The rustling of pages turning
−The soft clicking of computer keys
−The sound of whispered conversations

소리

−페이지 넘기는 바스락거리는 소리
−컴퓨터 키의 부드러운 클릭 소리
−속삭이는 대화 소리

Feelings

−Peaceful
−Calming
−Cozy
−Focused

감정

−평화로운
−차분한
−아늑한
−집중

Activities

−Studying
−Reading
−Writing
−Researching

활동

−공부
−독서
−글쓰기
−연구

People

−Students working individually
−Small study groups
−Teachers offering help
−Librarians checking out books

사람들

−개별적으로 학습하는 학생
−소규모 스터디 그룹
−도움을 제공하는 교사
−책을 대출하는 사서

Benefits

−Improved academic performance
−Expanded knowledge base
−Relaxation and stress relief
−Community building

혜택

−학업 성취도 향상
−확장된 지식 기반
−휴식과 스트레스 해소
−커뮤니티 구축

마인드맵(Mind Map)은 주제를 중심으로 생각나는 여러 가지 아이디어를 가지가 뻗어 나가는 형태로 그린 그림입니다. 특히 글쓰기나 아이디어를 정리할 때 유용한 도구 중 하나입니다. 챗GPT에게 도서관 묘사에 대한 마인드맵을 부탁하였더니 위와 같이 답변을 해 주었습니다. 묘사하는 글을 쓸 때는 구체적이고 세밀한 표현을 사용하는 것이 좋습니다. 이런 표현을 사용하는 방법은 대상의 색깔, 모양, 냄새, 소리, 감촉 등 오감을 묘사하는 것입니다. 챗GPT는 마인드맵을 통해 도서관의 외양이나 냄새, 소리, 느낌, 그리고 도서관에서 사람들이 무엇을 하는지, 도서관에서 얻을 수 있는 것들이 무엇인지에 관한 다양한 아이디어를 제시하고 있습니다.

자, 이제 에세이에 무엇을 써야 할지 조금씩 감이 오는 것 같습니다. 하지만 문제가 하나 더 있습니다. 도서관을 제대로 묘사하기 위해서는 형용사와 부사와 같이 묘사에 필요한 단어들을 많이 활용하면 좋을 텐데 막상 글을 쓰려니 단어가 잘 떠오르지 않습니다. 지윤이는 다음과 같이 한 번 더 챗GPT에게 도움을 요청하였습니다.

Prompt

I am writing a descriptive essay about my favorite place – the school library. Can you recommend some descriptive words (including adjectives, adverbs, phrases) that vividly describe the library's appearance, smells, sounds, feelings, activities, people, and benefits?

제가 가장 좋아하는 장소인 학교 도서관에 대한 묘사 에세이를 쓰고 있습니다. 도서관의 외관, 냄새, 소리, 느낌, 활동, 사람, 혜택 등을 생생하게 묘사할 수 있는 형용사, 부사, 구문 등 몇 가지 묘사 단어를 추천해 주시겠어요?

Absolutely! Here are some descriptive words and phrases that can help bring your favorite place, the school library, to life in your descriptive essay:

물론이죠! 다음은 여러분이 가장 좋아하는 장소인 학교 도서관을 에세이를 생생하게 표현하는 데 도움이 될 수 있는 몇 가지 묘사적인 단어와 문구입니다:

Appearance(외관):	
Brightly lit	밝은 조명
Cozy nooks	아늑한 구석
Inviting atmosphere	매력적인 분위기
Clean and organized	깨끗하고 정돈된
Rows of bookshelves	책꽂이 줄
Comfortable seating	편안한 좌석
Large windows	큰 창문
Peaceful ambiance	평화로운 분위기
Modern design	현대적인 디자인
Rustic charm	소박한 매력

Smells(냄새):	
Freshly brewed coffee	갓 내린 커피
Aroma of books	책 향기
Clean and fresh air	깨끗하고 신선한 공기
Pleasant scents of flowers	기분 좋은 꽃 향기
Hint of wood polish	나무 광택제의 힌트
Fragrant candles	향기로운 양초

Sounds(소리):

Soft whispers	부드러운 속삭임
Pages turning	페이지 넘기는 소리
Hushed footsteps	나지막한 발자국 소리
Faint clicking of computer keys	희미한 컴퓨터 키 클릭 소리
Rustling of papers	바스락거리는 종이 소리
Melodic chimes of clocks	시계의 멜로디 차임
Quiet background music	조용한 배경 음악
Distant sounds of the school bell	멀리서 들리는 학교 종소리

Feelings(감정):

Serenity and calmness	고요함과 평온함
Focus and concentration	집중력과 집중력
Inspiration and creativity	영감과 창의성
Comfort and familiarity	편안함과 친숙함
Relaxation and rejuvenation	휴식과 활력 회복
Intellectual stimulation	지적 자극
Connectedness and community	연결성 및 커뮤니티
Pride and accomplishment	자부심과 성취감
Satisfaction and fulfillment	만족감과 성취감

Activities(활동):

Studying	공부
Reading	독서
Writing	글쓰기
Researching	연구
Collaborating	공동 작업
Brainstorming	브레인스토밍
Reflecting	반영
Learning	학습
Exploring	탐구
Experimenting	실험

People(사람들):

Quiet and studious students	조용하고 공부하는 학생
Curious and knowledgeable researchers	호기심 많고 지식이 풍부한 연구원
Friendly and helpful librarians	친절하고 도움이 되는 사서
Engaged and enthusiastic teachers	참여적이고 열정적인 교사
Diverse and open-minded community	다양하고 열린 마음을 가진 커뮤니티
Supportive and collaborative classmates	서로 돕고 협력하는 급우들
Focused and driven learners	집중력 있고 주도적인 학습자
Creative and innovative thinkers	창의적이고 혁신적인 사상가

Benefits(혜택):

−Access to vast resources and information	−방대한 리소스 및 정보에 액세스
−Enhanced academic performance	−학업 성취도 향상
−Improved critical thinking and problem-solving skills	−비판적 사고 및 문제 해결 능력 향상
−Expanded knowledge and understanding	−지식과 이해의 확장
−Opportunity for professional and personal growth	−전문적, 개인적 성장을 위한 기회
−Stimulated curiosity and creativity	−호기심과 창의력 자극
−Reduced stress and anxiety	−스트레스와 불안감 감소
−Encouragement of lifelong learning and self-improvement	−평생 학습 및 자기계발 장려
−Building of lasting relationships and connections	−지속적인 관계 및 인맥 구축

I hope these descriptive words and phrases inspire your descriptive essay about the school library and bring the place to life for your readers!

이 묘사적인 단어와 문구가 학교 도서관에 대한 묘사 에세이에 영감을 주고 독자들에게 도서관에 생동감을 불어넣어 주길 바랍니다!

Step 3. 아웃라인 작성하기

자, 이제 도서관을 묘사하기 위한 글감과 글을 쓰기 위한 재료(단어나 표현 등)가 준비되었습니다. 이것을 토대로 지윤이는 에세이의 뼈대가 되는 아웃라인을 작성하였습니다. 이때 아웃라인 작성에 도움을 받기 위해 다음과 같은 프롬프트를 사용하였습니다.

Prompt

I am writing a 5 paragraph descriptive essay about my favorite place - the school library. Write an essay outline. 제가 가장 좋아하는 장소인 학교 도서관에 대한 다섯 문단의 묘사 에세이를 작성하고 있습니다. 에세이 개요를 작성해 주세요.

Sure, here's an outline for your 5-paragraph descriptive essay about your favorite place, the school library:

I. Introduction

—Start with an attention-grabbing hook that introduces
the topic of your essay.

—Provide a brief overview of the school library and its
significance to you.

—End with a thesis statement that highlights the key
aspects of the library that you will describe in the essay.

II. Appearance

—Describe the physical appearance of the library,
including the rows of bookshelves, comfortable seating,
soft lighting, large windows, and quiet atmosphere.

—Use sensory language to paint a vivid picture of the
library's appearance.

III. Smells and Sounds

—Describe the unique smells and sounds of the library,
including the scent of books, freshly cleaned carpets,
aroma of coffee, rustling of pages turning, soft clicking
of computer keys, and whispered conversations.

—Use descriptive language to convey the atmosphere and sensory experiences of the library.

IV. Feelings and Activities
—Describe the feelings and activities that the library evokes, including a sense of peacefulness, calmness, coziness, and focus, as well as studying, reading, writing, and researching.
—Use specific examples and anecdotes to illustrate these feelings and activities.

V. Benefits and Conclusion
—Describe the benefits of spending time in the library, including improved academic performance, expanded knowledge base, relaxation and stress relief, and community building.
—Summarize the key points of the essay and restate the thesis statement.
—End with a concluding statement that leaves a lasting impression on the reader.

I hope this outline helps you organize your thoughts and ideas for your descriptive essay about your favorite place, the school library!

좋습니다. 가장 좋아하는 장소인 학교 도서관에 대한 다섯 문단 묘사 에세이의 개요는 다음과 같습니다:

I. 서론
−에세이의 주제를 소개하는 시선을 사로잡는 훅으로 시작하세요.
−학교 도서관에 대한 간략한 개요와 자신에게 도서관이 갖는 의미를 제공합니다.
−에세이에서 설명할 도서관의 주요 측면을 강조하는 논지 진술로 마무리합니다.

II. 외관
−여러 줄로 늘어선 책장, 편안한 좌석, 은은한 조명, 큰 창문, 조용한 분위기 등 도서관의 물리적 외관을 묘사합니다.
−감각적인 언어를 사용하여 도서관의 외관을 생생하게 묘사합니다.

III. 냄새와 소리

－책 냄새, 갓 청소한 카펫, 커피 향, 바스락거리는 책장 넘기는
소리, 희미한 컴퓨터 키 클릭하는 소리, 속삭이는 대화 등 도
서관의 독특한 냄새와 소리를 묘사합니다.

－기술적인 언어를 사용하여 도서관의 분위기와 감각적 경험을
전달합니다.

IV. 감정과 활동

－평온함, 평온함, 아늑함, 집중력, 공부, 독서, 글쓰기, 연구 등
도서관이 불러일으키는 감정과 활동을 설명합니다.

－이러한 감정과 활동을 설명하기 위해 구체적인 예와 일화를
사용합니다.

V. 장점 및 결론

－학업 성취도 향상, 지식 기반 확대, 휴식과 스트레스 해소, 커
뮤니티 형성 등 도서관에서 시간을 보내는 것의 이점에 대해
설명합니다.

－에세이의 요점을 요약하고 논지문을 다시 작성합니다.

－독자에게 깊은 인상을 남기는 결론 문장으로 마무리합니다.

이 개요가 여러분이 가장 좋아하는 장소인 학교 도서관에 대한 묘사 에세이에 대한 생각과 아이디어를 정리하는 데 도움이 되기를 바랍니다!

Step 4. 초안 작성하기

지윤이는 Step 3에서 챗GPT의 도움을 받아 도서관에 대한 묘사 에세이를 쓰기 위한 아웃라인을 완성하였습니다. 이번 단계는 아웃라인을 글로 구체화하는 단계입니다. 서술 에세이를 쓸 때 말씀드린 바와 같이 초안을 작성하는 단계에서는 학생들이 챗GPT나 구글 번역기와 같은 AI 도구들을 사용하지 않도록 엄격하게 제한하였습니다. 이 단계에는 자신만의 글쓰기에 집중하는 것이 무엇보다 중요하기 때문이지요. 지윤이도 여러 글감과 완성된 아웃라인을 참고하며 묘사 에세이 초안을 완성하였습니다.

The School Library

(1st draft)

Everyone has their favorite place. It may be a place to meet friends, a place to rest, or a place that holds precious memories. After attending Seoul Science High School for two and a half years, I think I can say firmly that my favorite place here is the school library. The library has always been a great place to rest, and the recent renovations have only made the place better. I will tell three reasons why the library is my favorite place and present the serene beauty of the fountain of knowledge.

Firstly, the library offers a unique interior that cannot be found anywhere in the school. When you step through the glass doors, you are met with a wide area with comfortable chairs, decorative plants, and a long desk where students usually sit to study. One wall is covered with books, and another has a large window, of which the sunlight comes in through. The left wall has transparent sliding doors which lead the way to the many rows of books. Between the books are places to study and rest. Overall, it offers a great environment for both studying and relaxing.

Secondly, coupled with the unique interior, the smells and sounds also take part in making the environment appealing. The scent of books is prevalent all over the library, while the sound of people typing on their laptops, the sound of turning pages, and whispered conversations can be heard now and then. These all make for a very peaceful and relaxing environment. There are not so many places in the school where you can relax quietly like this, so it is a major upside.

Finally, the library is a perfect place to do your work. As stated above, the library is one of the most quiet, peaceful places in school. If you want to concentrate on studying, but don't feel like going to the dormitory, this is the place of your choice. Also, you have access to the countless books listed in the bookshelves. Whenever you feel like you want to read a literature work, a book about world history, or research expert information using recent books, the library can help you. The library isn't called a fountain of knowledge for nothing, after all.

Spending time in the library is a very good way to improve yourself. You can improve academic performance, expand your knowledge base, and even build small communities. In conclusion, the library is a perfect place to study or relax, and is most definitely my favorite place in Seoul Science High School.

학교 도서관

(1차 초안)

누구나 좋아하는 장소가 있습니다. 친구를 만나는 곳일 수도 있고, 휴식을 취하는 곳일 수도 있고, 소중한 추억이 담긴 곳일 수도 있습니다. 서울과학고등학교에 2년 반 동안 다니면서 제가 가장 좋아하는 장소는 학교 도서관이라고 단호하게 말할 수 있을 것 같습니다. 도서관은 항상 좋은 휴식처였고, 최근 리모델링을 통해 더 좋은 장소가 되었습니다. 제가 도서관을 가장 좋아하는 세 가지 이유를 말씀드리고 지식의 샘의 고요한 아름다움을 소개하겠습니다.

첫째, 도서관은 학교 어디에서도 볼 수 없는 독특한 인테리어를 자랑합니다. 유리문을 열고 들어서면 편안한 의자와 장식용 식물, 그리고 학생들이 주로 앉아서 공부하는 긴 책상이 있는 넓은 공간이 펼쳐집니다. 한쪽 벽은 책으로 덮여 있고 다른 한쪽 벽에는 햇빛이 들어오는 큰 창문이 있습니다. 왼쪽 벽에는 투명한 미닫이문이 있어 여러 줄의 책으로 이어지는 길을 안내합니다. 책 사이사이에는 공부하고 쉴 수 있는 공간이 있습니다. 전반적으로 공부와 휴식 모두를 위한 훌륭한 환경을 제공합니다.

둘째, 독특한 인테리어와 함께 냄새와 소리도 매력적인 환경을 만드는 데 일조합니다. 도서관 전체에 책 냄새가 가득하고, 사람들이 노트북에 타이핑하는 소리, 책장을 넘기는 소리, 속삭이는 대화 소리가 가끔 들립니다. 이 모든 것이 매우 평화롭고 편안한 환경을 조성합니다. 학교에는 이렇게 조용히 휴식을 취할 수 있는 곳이 많지 않기 때문에 큰 장점입니다.

마지막으로 도서관은 공부를 하기에 완벽한 장소입니다. 위에서 언급했듯이 도서관은 학교에서 가장 조용하고 평화로운 장소 중 하나입니다. 공부에 집중하고 싶지만 기숙사에 가고 싶지 않다면 이곳을 선택하는 것이 좋습니다. 또한 서가에 비치된 수많은 책을 이용할 수 있습니다. 문학 작품이나 세계사에 관한 책을 읽고 싶을 때나, 최신 서적을 통해 전문 정보를 조사하고 싶을 때면 언제든지 도서관에서 도움을 받을 수 있습니다. 도서관을 괜히 지식의 샘이라고 부르는 게 아니니까요.

도서관에서 시간을 보내는 것은 자신을 발전시킬 수 있는 아주 좋은 방법입니다. 학업 성취도를 향상시키고, 지식 기반을 넓히고, 소규모 커뮤니티를 구축할 수도 있습니다. 결론적으로 도서관은 공부하거나 휴식을 취하기에 완벽한 장소이며, 서울과학고등학교에서 제가 가장 좋아하는 장소입니다.

Step 5. 수정 및 편집하기

드디어 초안이 완성되었습니다. 이제 지윤이는 친구들과 챗GPT에게 피드백을 받아 자신의 글을 수정하려고 합니다. 먼저 지윤이는 친구들에게 어떤 피드백을 받았을까요? 친구들은 시각과 후각, 청각을 사용하여 도서관을 묘사하는 부분을 칭찬하면서도 묘사 에세이답게 전반적으로 표현을 좀 더 풍부하게 만들고, 생동감 있는 단어를 사용하면 좋겠다는 의견을 주었습니다. 또한 어색한 표현이나 문법적으로 틀린 부분도 지적하였습니다. 지윤이는 친구들의 피드백을 보고 자신의 글을 수정하였습니다. 그리고 본문에 사용한 표현을 조금 더 풍부하고 자연스럽게 만들기 위해 챗GPT에게 다음과 같은 프롬프트를 넣었습니다. 이때 지윤이는 챗GPT가 글을 바로 바꿔 주는 것을 방지하기 위해 개선안을 개조식으로 나열해 달라고 부탁하였습니다.

Prompt

I will give you a passage. I want you to suggest some changes in vocabulary which will help make it sound more lively. Don't give me a improved passage, list them with 1. 2. 3.

글 하나를 알려드리겠습니다. 좀 더 생동감 있게 들리도록 어휘의 변화를 제안해 주세요. 개선된 구절을 알려 주지 말고 1. 2. 3으로 나열하세요.

170

Certainly! Here are some suggested changes to make the passage sound more lively:

1. Instead of "Everyone has their favorite place," consider using a more engaging phrase like "Each person holds a special haven close to their heart."

2. Instead of "It may be a place to meet friends, a place to rest, or a place that holds precious memories," try "Whether it's a gathering spot for cherished friendships, a sanctuary for solace, or a repository of treasured moments."

3. Instead of "After attending Seoul Science High School for two and a half years," consider "During my enriching journey of two and a half years at Seoul Science High School."

4. Instead of "I think I can say firmly," consider "I can confidently assert."

5. Instead of "the school library," consider "the vibrant hub of knowledge."

6. Instead of "The library has always been a great place to rest," try "The library has forever embraced me in its soothing embrace."

7. Instead of "the recent renovations have only made the place better," consider "the recent renovations have breathed new life into this space of wonder."

8. Instead of "I will tell three reasons why the library is my favorite place," try "Allow me to present three compelling reasons that make the library my ultimate sanctuary."

9. Instead of "the serene beauty of the fountain of knowledge," consider "the awe–inspiring majesty of the wellspring of knowledge."

10. Instead of "Firstly," consider "To begin with."

11. Instead of "offers a unique interior," try "boasts an unparalleled ambiance."

12. Instead of "comfortable chairs," consider "plush seating."

13. Instead of "decorative plants," try "lush greenery."

14. Instead of "long desk," consider "expansive workstations."

15. Instead of "Overall, it offers a great environment," try "All in all, it provides an enchanting milieu."

16. Instead of "the scent of books is prevalent," consider "the aroma of books permeates the air."

17. Instead of "sound of people typing on their laptops," try "keyboard clatter fills the space."

18. Instead of "the sound of turning pages," consider "the gentle rustle of pages turning."

19. Instead of "whispered conversations," try "hushed dialogues."

20. Instead of "a very peaceful and relaxing environment," consider "an oasis of tranquility."

21. Instead of "perfect," use "exquisite" or "impeccable."

22. Instead of "quiet" and "peaceful," use "serene" and "tranquil."

23. Instead of "do your work," use "accomplish your tasks" or "tackle your assignments."

24. Instead of "If you want to concentrate on studying," use "If you crave unwavering focus on your studies."

25. Instead of "countless books," use "an abundance of books" or "a myriad of books."

26. Instead of "feel like," use "have the inclination" or

"desire."

27. Instead of "literature work," use "literary masterpiece" or "captivating piece of literature."

28. Instead of "world history," use "epic historical accounts" or "globe–spanning historical narratives."

29. Instead of "research expert information using recent books," use "explore cutting–edge knowledge with the latest books."

30. Instead of "fountain of knowledge," use "epicenter of wisdom" or "font of enlightenment."

31. Instead of "Spending time in the library is a very good way," use "Immersing yourself in the library experience is an excellent means."

32. Instead of "improve yourself," use "elevate your intellectual prowess" or "enhance personal growth."

33. Instead of "academic performance," use "scholastic achievements" or "educational excellence."

34. Instead of "knowledge base," use "intellectual repertoire" or "storehouse of wisdom."

35. Instead of "build small communities," use "forge

meaningful connections" or "nurture close-knit bonds."

36. Instead of "perfect place," use "idyllic sanctuary" or "utopian haven."

Feel free to mix and match these suggestions to suit your preference and style.

물론이죠! 다음은 구절을 더 생동감 있게 들리게 하기 위한 몇 가지 변경 사항입니다:

1. "누구나 좋아하는 장소가 있습니다." 대신 "각 사람은 특별한 안식처를 마음속에 간직하고 있습니다."와 같이 더 매력적인 문구를 사용하는 것이 좋습니다.

2. "친구를 만나는 장소, 휴식을 취하는 장소, 소중한 추억을 간직한 장소일 수 있습니다." 대신 "소중한 우정을 쌓는 모임 장소, 위안을 얻는 안식처, 소중한 순간을 간직한 저장소일 수 있습니다."와 같은 문구를 시도해 보세요.

3. "2년 반 동안 서울과학고등학교를 다니면서" 대신 "서울과학고등학교에서 보낸 2년 반 동안의 풍요로운 여정"을 생각해 보세요.

4. "단호하게 말할 수 있다고 생각합니다." 대신 "자신 있게 주장할 수 있습니다."라고 표현합니다.

5. "학교 도서관" 대신 "활기찬 지식의 허브"라고 생각해 보세요.

6. "도서관은 항상 좋은 휴식처였습니다." 대신 "도서관은 언제나 나를 포근하게 감싸 안아 주었습니다."라고 표현해 보세요.

7. "최근의 리모델링으로 인해 도서관이 더 좋아졌습니다." 대신 "최근의 리모델링이 이 경이로운 공간에 새로운 생명을 불어넣었습니다."라고 생각해 보세요.

8. "도서관이 제가 가장 좋아하는 장소인 세 가지 이유를 말하겠습니다." 대신 "도서관이 저의 최고의 안식처인 세 가지 설득력 있는 이유를 제시하겠습니다."라고 말해 보세요.

9. "지식의 샘이 주는 고요한 아름다움" 대신 "지식의 샘이 주는 경외심을 불러일으키는 장엄함"을 생각해 보세요.

10. "먼저"라는 표현 대신 "우선"이라고 표현합니다.

11. "독특한 인테리어를 제공한다." 대신 "비교할 수 없는 분위기를 자랑한다."라고 표현하세요.

12. "편안한 의자" 대신 "푹신한 좌석"을 고려하십시오.

13. "장식용 식물" 대신 "무성한 녹지"를 사용해 보세요.

14. "긴 책상" 대신 "넓은 워크스테이션"을 고려합니다.

15. "전반적으로 훌륭한 환경을 제공합니다." 대신 "전반적으로 매혹적인 환경을 제공합니다."라고 표현하세요.

16. "책 향기가 가득하다." 대신 "책 향기가 공기에 스며든다."라고 표현하세요.

17. "사람들이 노트북에 타이핑하는 소리" 대신 "키보드 소리가 공간을 가득 채운다."라고 표현해 보세요.

18. "책장 넘기는 소리" 대신 "책장 넘기는 부드러운 바스락 소리"를 생각해 보세요.

19. "속삭이는 대화" 대신 "조용한 대화"를 시도해 보세요.

20. "매우 평화롭고 편안한 환경" 대신 "평온한 오아시스"를 생각해 보세요.

21. "완벽한" 대신 "절묘한" 또는 "흠잡을 데 없는"을 사용합니다.

22. "조용한" 및 "평화로운" 대신 "고요한" 및 "평온한"을 사용합니다.

23. "업무를 수행하다" 대신 "업무를 완수하다" 또는 "과제를 해결하다"를 사용합니다.

24. "공부에 집중하고 싶다면" 대신 "공부에 흔들림 없이 집중하고 싶다면"을 사용합니다.

25. "수많은 책" 대신 "풍부한 책" 또는 "무수히 많은 책"을 사용합니다.

26. "느낌" 대신 "성향이 있다." 또는 "욕구가 있다."를 사용합니다.

27. "문학 작품" 대신 "문학 걸작" 또는 "매혹적인 문학 작품"을 사용합니다.

28. "세계사" 대신 "서사적 역사 기록" 또는 "전 세계를 아우르는 역사적 서술"을 사용합니다.

29. "최신 도서를 이용한 전문 정보 조사" 대신 "최신 도서를 통한 최첨단 지식 탐구"를 사용합니다.

30. "지식의 샘" 대신 "지혜의 진원지" 또는 "깨달음의 샘"을 사용합니다.

31. "도서관에서 시간을 보내는 것은 매우 좋은 방법입니다." 대신 "도서관 경험에 몰두하는 것은 훌륭한 수단입니다."를 사용합니다.

32. "자신을 향상시키다." 대신 "지적 능력을 높이다." 또는 "개인적 성장을 강화하다."를 사용합니다.

33. "학업 성과" 대신 "학업 성취도" 또는 "교육적 우수성"을 사용합니다.

34. "지식 기반" 대신 "지적 레퍼토리" 또는 "지혜의 저장고"를 사용합니다.

35. "소규모 커뮤니티 구축" 대신 "의미 있는 관계 형성" 또는 "긴밀한 유대감 형성"을 사용합니다.

36. "완벽한 장소" 대신 "목가적인 안식처" 또는 "유토피아적 안식처"를 사용하세요.

이러한 제안을 취향과 스타일에 맞게 자유롭게 혼합하여 사용하세요.

지윤이는 챗GPT가 생성해 준 결과물에서 에세이에 필요한 부분을 선택적으로 가져와 수정했습니다. 그리고 2차 초안을 완성하였습니다. 다른 색으로 표시된 부분은 지윤이가 챗GPT의 수정을 받아들여 수정한 곳입니다. 1차 초안에 비해 어떻게 바뀌었는지 살펴볼까요?

The School Library

(2nd draft)

Everyone holds a special place in their hearts. Whether it be a gathering place to meet friends, a place to find solace, or a place that holds precious memories. After the two and a half years at Seoul Science High School, I think I can confidently say that my favorite place here is the school library. The library has always been a great place, and the recent renovations have breathed new life into it. Allow me to present three reasons why the library is my favorite place and introduce the serene beauty of the fountain of knowledge.

To begin with, the library boasts a unique interior that cannot be found anywhere in the school. When you step through the glass doors, you are met with a wide area with plush seating, decorative plants, and a long desk where students usually sit to study. One wall is covered with books, and another has a large window, of which the sunlight comes in through. The left wall has transparent sliding doors which lead the way to the many rows of books. Between the books are places to study and rest. All in all, it provides an enchanting milieu for both studying and relaxing.

Secondly, coupled with the unique interior, the scents and sounds also take part in making the environment appealing. The aroma of books permeates the air, while the sound of people typing on their laptops, the gentle rustling of turning pages, and hushed conversations can be heard now and then. These all make for a tranquil environment. There are not so many places in the school where you can relax quietly like this, so it is a major upside.

Finally, the library is the perfect place to do your work. As stated above, the library is one of the most serene, tranquil places in school. If you want to concentrate on studying, but don't have the inclination

to go to the dormitory, this is the place of your choice.
Also, you have access to the myriad of books listed in the
bookshelves. Whenever you feel like you want to read
a literary masterpiece or a book about world history, or
explore cutting-edge knowledge using recent books, the
library can help you. The library isn't called a fountain of
knowledge for nothing, after all.

Immersing yourself in the library is an excellent means
to enhance personal growth. You can improve academic
performance, expand your knowledge base, and even
nurture bonds with new people. It also acts as a sanctuary
in which you can seek solace and revitalize. It is most
definitely my favorite place in Seoul Science High School.

학교 도서관

(2차 초안)

누구나 마음속에 특별한 장소를 간직하고 있습니다. 친구들을
만나는 모임 장소, 위안을 얻는 장소, 소중한 추억을 간직한 장소 등
그 장소가 무엇이든 간에 말입니다. 서울과학고등학교에서 2년 반을
보낸 지금, 제가 가장 좋아하는 장소는 학교 도서관이라고 자신 있게

말할 수 있을 것 같습니다. 도서관은 언제나 좋은 공간이었지만 최근 리모델링을 통해 새로운 생명을 불어넣었습니다. 도서관이 제가 가장 좋아하는 장소인 세 가지 이유를 제시하고 지식의 샘이 가진 고요한 아름다움을 소개하겠습니다.

우선, 도서관은 학교 어디에서도 볼 수 없는 독특한 인테리어를 자랑합니다. 유리문을 열고 들어서면 푹신한 좌석과 장식용 식물, 학생들이 주로 앉아서 공부하는 긴 책상이 있는 넓은 공간이 나옵니다. 한쪽 벽은 책으로 덮여 있고 다른 한쪽 벽에는 햇빛이 들어오는 큰 창문이 있습니다. 왼쪽 벽에는 투명한 미닫이문이 있어 여러 줄의 책으로 이어지는 길을 안내합니다. 책 사이사이에는 공부하고 쉴 수 있는 공간이 있습니다. 전체적으로 공부와 휴식 모두를 위한 매혹적인 환경을 제공합니다.

또한 독특한 인테리어와 함께 도서관의 향기와 소리도 매력적인 환경을 만드는 데 일조합니다. 책 향기가 공기 중에 스며들고, 사람들이 노트북에 타이핑하는 소리, 책장을 넘기는 바스락거리는 소리, 조용한 대화 소리가 가끔씩 들립니다. 이 모든 것이 고요한 환경을 조성합니다. 학교에는 이렇게 조용히 쉴 수 있는 곳이 많지 않기 때문에 큰 장점입니다.

마지막으로 도서관은 공부를 하기에 완벽한 장소입니다. 위에서 언급했듯이 도서관은 학교에서 가장 고요하고 평온한 장소 중 하나입니다. 공부에 집중하고 싶지만 기숙사에 가고 싶지 않다면 이곳을 선택하는 것이 좋습니다. 또한 서가에 비치된 무수히 많은 책을 이용할 수 있습니다. 문학 명작이나 세계사에 관한 책을 읽고 싶거나 최신 서적을 통해 최첨단 지식을 탐구하고 싶을 때 언제든지 도서관에서 도움을 받을 수 있습니다. 도서관을 괜히 지식의 샘이라고 부르는 게 아니니까요.

　도서관에 몰입하는 것은 개인의 성장을 향상시키는 훌륭한 수단입니다. 학업 성취도를 높이고, 지식 기반을 넓히고, 새로운 사람들과의 유대감을 키울 수도 있습니다. 또한 도서관은 위안을 얻고 활력을 되찾을 수 있는 안식처의 역할도 합니다. 서울과학고등학교에서 제가 가장 좋아하는 공간입니다.

챗GPT 피드백을 통해 어휘나 표현이 좀 더 풍부해져 훨씬 더 묘사 글쓰기에 가까워졌습니다. 그리고 결론 문단에서 에세이의 중심 아이디어를 다시 정리하며, 글의 구조가 한층 안정적이 되고 글이 인상적으로 마무리되었음을 확인할 수 있습니다. 지윤이는 마지막으로 2차 초안을 숙독하며 에세이를 점검하였습니다.

Step 6. 최종안 작성하기

드디어 수정 및 편집 작업을 마쳤습니다. 이제 글쓰기의 마지막 단계입니다. 지윤이는 마지막으로 한 번 더 오타, 문법, 논리, 표현 등을 확인하기 위해 Grammarly를 사용하였습니다. 지윤이는 Grammarly가 추천하는 스물다섯 가지의 제안 중 구두점이나 단어 교체와 같은 여섯 가지의 수정 제안을 받아들였고 마지막으로 자신의 글을 다시 정독하였습니다. 자, 드디어 도서관의 매력을 다채롭게 묘사하는 멋진 에세이가 완성되었습니다.

The School Library

(final)

Everyone holds a special place in their hearts. Whether it be a gathering place to meet friends, a place to find solace or a place that holds precious memories. After the two and a half years at Seoul Science High School, I think I can confidently say that my favorite place here is the school library. The library has always been a great place, and the recent renovations have breathed new life into it. Allow me to present three reasons why the library is my favorite place and introduce the serene beauty of the fountain of knowledge.

To begin with, the library boasts a unique interior

that cannot be found anywhere in the school. When you step through the glass doors, you are met with a wide area with plush seating, decorative plants, and a long desk where students usually sit to study. One wall is covered with books, and another has a large window through which the sunlight comes in through. The left wall has transparent sliding doors which lead the way to the many rows of books. Between the books are places to study and rest. All in all, it provides an enchanting milieu for both learning and relaxing.

Secondly, coupled with the unique interior, the scents and sounds also take part in making the environment appealing. The aroma of books permeates the air, while the sound of people typing on their laptops, the gentle rustling of turning pages, and hushed conversations can be heard now and then. These all make for a tranquil environment. There are not so many places in the school where you can relax quietly like this, so it is a major upside.

Finally, the library is the perfect place to do

your work. As stated above, the library is one of the most serene, tranquil places in school. If you want to concentrate on studying but don't have the inclination to go to the dormitory, this is the place of your choice. Also, you have access to the myriad of books listed on the bookshelves. Whenever you feel like you want to read a literary masterpiece or a book about world history or explore cutting—edge knowledge using recent books, the library can help you. The library isn't called a fountain of knowledge for nothing, after all.

Immersing yourself in the library is an excellent means to enhance personal growth. You can improve academic performance, expand your knowledge base, and even nurture bonds with new people. It also acts as a sanctuary in which you can seek solace and revitalize. It is most definitely my favorite place in Seoul Science High School.

학교 도서관

(최종)

누구나 마음속에 특별한 장소를 간직하고 있습니다. 친구들을 만나는 모임 장소, 위안을 얻는 장소, 소중한 추억을 간직한 장소 등 다양합니다. 서울과학고등학교에서 2년 반을 보낸 지금, 제가 가장 좋아하는 장소는 학교 도서관이라고 자신 있게 말할 수 있을 것 같습니다. 도서관은 언제나 좋은 공간이었지만 최근 리모델링을 통해 새로운 생명을 불어넣었습니다. 도서관이 제가 가장 좋아하는 장소인 세 가지 이유를 제시하고 지식의 샘의 고요한 아름다움을 소개하겠습니다.

우선, 도서관은 학교 어디에서도 볼 수 없는 독특한 인테리어를 자랑합니다. 유리문을 열고 들어서면 푹신한 좌석과 장식용 식물, 학생들이 주로 앉아서 공부하는 긴 책상이 있는 넓은 공간이 나옵니다. 한쪽 벽은 책으로 덮여 있고 다른 한쪽 벽에는 햇빛이 들어오는 큰 창문이 있습니다. 왼쪽 벽에는 투명한 미닫이문이 있어 여러 줄의 책으로 이어지는 길을 안내합니다. 책 사이사이에는 공부하고 쉴 수 있는 공간이 있습니다. 전체적으로 학습과 휴식 모두를 위한 매혹적인 환경을 제공합니다.

또한 독특한 인테리어와 함께 도서관의 향기와 소리도 매력적인 환경을 만드는 데 일조합니다. 책 향기가 공기 중에 스며들고, 사람들이 노트북에 타이핑하는 소리, 책장을 넘기는 바스락거리는 소리, 조용한 대화 소리가 가끔씩 들립니다. 이 모든 것이 고요한 환경을 조성합니다. 학교에는 이렇게 조용히 쉴 수 있는 곳이 많지 않기 때문에 큰 장점입니다.

마지막으로 도서관은 공부를 하기에 완벽한 장소입니다. 위에서 언급했듯이 도서관은 학교에서 가장 고요하고 평온한 장소 중 하나입니다. 공부에 집중하고 싶지만 기숙사에 가고 싶지 않다면 이곳을 선택하는 것이 좋습니다. 또한 서가에 비치된 무수히 많은 책을 이용할 수 있습니다. 문학 명작이나 세계사에 관한 책을 읽고 싶거나 최신 서적을 통해 최첨단 지식을 탐구하고 싶을 때 언제든지 도서관에서 도움을 받을 수 있습니다. 도서관을 괜히 지식의 샘이라고 부르는 게 아니니까요.

도서관에 몰입하는 것은 개인의 성장을 향상시키는 훌륭한 수단입니다. 학업 성취도를 높이고, 지식 기반을 넓히고, 새로운 사람들과의 유대감을 키울 수도 있습니다. 또한 도서관은 위안을 얻고 활력을 되찾을 수 있는 안식처의 역할도 합니다. 이곳은 서울과학고등학교에서 제가 가장 좋아하는 공간입니다.

설명 에세이(Expository Essay) : 민재's writing

세 번째로 설명 에세이를 쓰는 민재의 글쓰기 과정을 단계별로 살펴보겠습니다.

Step 1. 주제 선정하기

설명 에세이는 주제에 대한 분석과 이해를 바탕으로 명확하고 구체적인 정보를 제공하는 것이 목적입니다. 이러한 글쓰기에서는 객관적인 사실과 증거를 사용하여 주제를 논증하기 때문에 주로 이해하기 쉽고 명료한 문장으로 작성됩니다. 설명 에세이는 대표적으로 주어진 두 가지 주제의 유사점과 차이점을 비교-대조하는 글쓰기(Compare and Contrast Essay)과 주어진 주제에 대한 원인-결과를 분석하는 글쓰기(Cause and Effect Essay)가 있습니다. 본격적으로 민재의 글쓰기 과정을 살펴보기 전에, 우선 비교-대조 글쓰기의 두 가지 방법(Point-by-Point, Block Method)에 관한 내용을 알아보겠습니다.

Point-by-Point Method(포인트별 비교 방식)

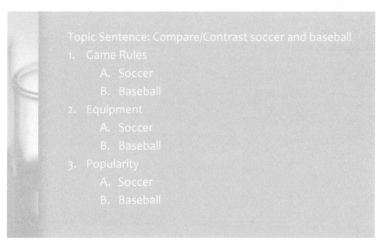

Point-by-Point Method 예시

Point-by-Point Method는 비교하고자 하는 두 대상의 특정 포인트를 개별적으로 비교하는 방법입니다. 에세이의 본문에서는 각 포인트마다 두 대상을 비교합니다. 예를 들어 축구와 야구를 비교해 볼까요? 이 방법은 게임 규칙, 장비, 인기도와 같은 각 포인트별로 축구와 야구의 공통점과 차이점을 드러내 독자가 두 대상을 구체적으로 비교하여 이해할 수 있습니다. Point-by-Point Method는 주로 중요한 내용이나 포인트 간의 상세한 비교를 강조하고자 할 때 사용됩니다.

Block Method(블록 방식)

```
Topic Sentence: Compare/Contrast soccer and baseball
1.  Soccer
    A.  Game Rules
    B.  Equipment
    C.  Popularity
2.  Baseball
    A.  Game Rules
    B.  Equipment
    C.  Popularity
```

Block Method 예시

Block Method는 비교 대상인 두 주제를 블록 단위로 분할하여, 먼저 하나의 주제를 전체적으로 다룬 후에 다른 주제를 다루는 방식입니다. 예를 들어 축구와 야구를 비교하는 에세이를 쓸 때 본문 첫 문단에서는 축구에 대한 모든 정보를 다루고, 본문 두 번째 문단에서는 야구에 대한 모든 정보를 다루며 축구와 비교합니다. 이 방법은 대상들의 전반적인 특징과 차이점을 한 번에 보여줍니다. 한 주제를 완전히 이해한 후에 다른 주제를 다루므로, 독자는 대상들을 구분하여 비교할 수 있습니다. 다음으로 원인-결과 글쓰기 두 가지 방법(Focus-on-Cause, Focus-on-Effect)에 대해 살펴보겠습니다.

Focus-on-Cause(원인에 초점을 맞춘 방식)

```
[Cause 1]   [Cause 2]   [Cause 3]
        \       |       /
         ↘      ↓      ↙
          [Climate Change]
```

Focus-on-Cause 방법은 주로 원인에 초점을 맞춘 에세이 작성 방식을 의미합니다. 본문에서는 사건의 주요 원인을 다루고, 각 원인이 어떻게 해당 결과를 초래하는지에 대해 논의합니다. 예를 들어 기후 변화에 대한 Focus-on-Cause 에세이에서는 기후 변화의 원인에 초점을 맞추며, 이를 본문의 각 문단에서 설명할 것입니다.

Focus-on-Effect(결과에 초점을 맞춘 방식)

```
          [Climate Change]
         ↙      ↓      ↘
        /       |       \
[Effect 1]  [Effect 2]  [Effect 3]
```

Focus-on-Effect 방법은 결과에 초점을 맞춘 에세이 작성 방식을 의미합니다. 이 에세이의 목적은 특정 원인이나 사건으로 인해 발생한 결과를 설명하는 것입니다. 예를 들어 기후 변화에 관한 Focus-on-Effect 에세이에서는 기후 변화의 결과로 인한 영향에 초점을 맞추고 본문의 각 문단은 기후 변화의 영향력을 하나씩 다룰 것입니다.

다시 민재의 글쓰기 과정으로 돌아가 보겠습니다. 좋은 설명 에세이 주제를 찾던 민재는 다음과 같은 프롬프트를 통해 설명 에세이 주제를 추천받았습니다.

Prompt

Recommend good topics for a compare and contrast essay.
비교 및 대조 에세이에 좋은 주제 추천해 주세요.

Certainly! Here are some good topics for a compare and contrast essay:

-Traditional Education vs. Online Education: Compare and contrast the benefits and drawbacks of traditional classroom learning and online education.

-City Life vs. Country Life: Explore the differences and

similarities between living in a bustling city and a peaceful countryside.

−Books vs. Movies: Analyze the advantages and disadvantages of reading books versus watching their film adaptations.

−Democracy vs. Authoritarianism: Compare and contrast the political systems of democratic societies and authoritarian regimes.

−Nature vs. Nurture: Examine the influence of genetics and environment on human development and behavior.

−Renewable Energy vs. Fossil Fuels: Discuss the pros and cons of renewable energy sources (such as solar and wind power) and fossil fuels (like coal and oil).

−Android vs. iOS: Compare and contrast the features, user experience, and ecosystem of Android and iOS operating systems.

−World War I vs. World War II: Explore the causes, impact, and outcomes of these two major global conflicts.

Remember to choose a topic that you find interesting and can gather enough information to support your arguments effectively.

물론이죠! 다음은 비교 및 대조 에세이를 위한 몇 가지 좋은 주제입니다:

−전통 교육과 온라인 교육: 전통적인 교실 학습과 온라인 교육의 장점과 단점을 비교하고 대조해 보세요.

−도시 생활과 시골 생활: 번화한 도시와 평화로운 시골에서의 생활의 차이점과 유사점을 살펴보세요.

−책과 영화: 책을 읽을 때와 영화로 각색된 책을 볼 때의 장단점을 분석합니다.

−민주주의 대 권위주의: 민주주의 사회와 권위주의 정권의 정치 체제를 비교하고 대조해 보세요.

−자연 대 양육: 유전과 환경이 인간의 발달과 행동에 미치는 영향을 조사합니다.

−재생 에너지 대 화석 연료: 재생 에너지원(태양열, 풍력 등)과 화석 연료(석탄, 석유 등)의 장단점에 대해 토론합니다.

−안드로이드 대 iOS: 안드로이드와 iOS 운영 체제의 기능, 사용자 경험, 생태계를 비교하고 대조합니다.

−제1차 세계대전과 제2차 세계대전: 두 가지 세계대전의 원인, 영향, 결과를 살펴봅니다.

흥미롭고 자신의 주장을 효과적으로 뒷받침할 수 있는 충분한 정보를 수집할 수 있는 주제를 선택하는 것을 잊지 마세요.

Step 2. 아이디어 생각하기

민재는 챗GPT가 보여준 주제 리스트를 살펴보며 어떤 주제로 설명 에세이를 써야 할지에 대한 감을 잡을 수 있었습니다. 하지만 아쉽게도 챗GPT가 추천해 준 주제들은 별로 흥미롭지가 않았습니다. 대신 민재는 자신이 좋아하는 소재로 글을 써보기로 하였습니다. 민재는 최근 클라이밍(Climbing) 경기에 관심이 생겼는데요, 클라이밍의 세부 종목에는 리드(Lead Climbing), 볼더링(Bouldering), 스피드(Speed Climbing)가 있습니다. 많은 사람들이 정해진 루트를 빨리 오르는 경기인 스피드에 대해서는 잘 알고 있지만, 리드와 볼더링에 대해서는 잘 모르고 두 종목을 혼동하는 것 같아 그 둘을 비교 및 대조하는 에세이를 써보기로 했습니다. 일단 민재는 다음 프롬프트를 통해 클라이밍의 리드와 볼더링 종목에 대해 더 조사해 보기로 하였습니다.

Prompt

What are the differences between Lead and Bouldering?
리드와 볼더링의 차이점은 무엇인가요?

Lead climbing and Bouldering are two distinct forms of rock climbing, differing in several key aspects. Here are the main differences between Lead climbing and Bouldering:

- Height and Rope Usage:

• Lead Climbing: In lead climbing, climbers ascend a taller wall or rock face using a rope. They clip the rope into pre-placed protection points (such as bolts or traditional gear) as they progress upward.

• Bouldering: Bouldering involves climbing shorter routes or "problems" that are typically 10 to 20 feet high, without using a rope. Instead of ropes, climbers rely on crash pads placed beneath the boulder to cushion falls.

- Difficulty and Grading:

• Lead Climbing: In lead climbing, routes are often longer and more varied in terms of difficulty. Climbs can range from relatively easy to extremely challenging, and they are graded on a difficulty scale such as the Yosemite Decimal System (YDS) or the French Scale.

• Bouldering: Bouldering problems are generally

shorter but tend to be more physically demanding and technically challenging in a concentrated manner. Bouldering problems are also graded, typically using the V-scale (V0, V1, V2, etc.) or the Fontainebleau grading system.

    — Climbing Style and Technique:

    • Lead Climbing: Lead climbers must manage the rope, clipping it into protection points as they ascend. They often need to plan their moves strategically, conserve energy, and focus on endurance as they climb longer routes. Lead climbing involves a combination of technical skills, route reading, and stamina.

    • Bouldering: Bouldering emphasizes explosive movements, strength, and problem-solving skills in a shorter burst of climbing. Bouldering often requires intricate footwork, dynamic movements, and creative problem-solving to navigate challenging sequences on the rock.

    — Risk and Safety:

    • Lead Climbing: Due to the higher heights and use of ropes, lead climbing carries a different level of risk. Falling during lead climbing can result in longer falls compared to

Bouldering, and the belayer (the person managing the rope) must be attentive to catch potential falls.

• Bouldering: Bouldering is generally considered lower risk in terms of fall height because climbers are closer to the ground. However, Bouldering still carries risks, such as injuries from falling incorrectly or landing on uneven surfaces.

− Equipment:

• Lead Climbing: Lead climbers require additional equipment, including climbing ropes, quickdraws (for clipping into protection points), harnesses, helmets, and belay devices. They may also use traditional climbing gear, such as nuts or cams, depending on the type of climb.

• Bouldering: Bouldering requires minimal equipment. Climbers typically use climbing shoes, chalk to improve grip, and crash pads for protection against falls. Some boulderers may also use brushes to clean holds and improve friction.

It's worth noting that while lead climbing is often done outdoors on natural rock formations, it can also be practiced indoors on artificial climbing walls. Bouldering, on the other hand, can be done both outdoors and indoors, typically on shorter artificial walls or dedicated Bouldering areas.

리드 클라이밍과 볼더링은 암벽 클라이밍의 두 가지 다른 형태이며, 몇 가지 주요 측면에서 차이가 있습니다. 리드 클라이밍과 볼더링의 주요 차이점은 다음과 같습니다:

– 높이와 로프 사용:

• 리드 클라이밍: 리드 클라이밍에서는 클라이머가 로프를 사용하여 더 높은 벽이나 암벽을 올라갑니다. 클라이머는 로프를 미리 배치된 보호 지점(볼트 또는 기존 장비 등)에 끼우면서 클라이밍을 진행합니다.

• 볼더링: 볼더링은 로프를 사용하지 않고 10~20피트 높이의 짧은 루트나 '문제'를 클라이밍하는 종목을 말합니다. 클라이머는 로프 대신 바위 아래에 크래시 패드를 설치해 충격을 완화합니다.

– 난이도 및 등급:

• 리드 클라이밍: 리드 클라이밍에서는 루트 길이가 길고 난이도가 다양한 경우가 많습니다. 클라이밍은 비교적 쉬운 난이도부터 매우 어려운 난이도까지 다양하며, 요세미티 십진법(YDS) 또는

프렌치 스케일과 같은 난이도 척도에 따라 등급이 매겨집니다.

- 볼더링: 볼더링 문제는 일반적으로 시간이 짧지만 체력적으로 더 힘들고 집중적으로 기술적으로 어려운 경향이 있습니다. 볼더링 문제도 등급이 매겨지며, 일반적으로 V-스케일(V0, V1, V2 등) 또는 퐁텐블로 등급 시스템을 사용합니다.

– 클라이밍 스타일과 기술:

- 리드 클라이밍: 리드 클라이머는 로프를 관리하며 클라이밍할 때 보호 지점에 로프를 끼워야 합니다. 리드 클라이머는 전략적으로 움직임을 계획하고, 에너지를 절약하며, 긴 루트를 오를 때 지구력을 발휘해야 하는 경우가 많습니다. 리드 클라이밍은 기술력, 루트 파악, 체력 등이 복합적으로 요구됩니다.

- 볼더링: 볼더링은 짧은 시간 동안 폭발적인 움직임, 힘, 문제 해결 능력을 강조하는 클라이밍입니다. 볼더링은 종종 복잡한 발놀림, 역동적인 움직임, 창의적인 문제 해결 능력을 요구하며 바위 위에서 까다로운 시퀀스를 탐색해야 합니다.

– 위험과 안전:

- 리드 클라이밍: 리드 클라이밍은 더 높은 높이와 로프 사용으로 인해 다른 수준의 위험을 수반합니다. 리드 클라이밍 중 추락하면 볼더링에 비해 더 오래 떨어질 수 있으며, 빌레이어(로프를 관리하는 사람)는 추락 가능성을 포착하기 위해 세심한 주의를 기울여야 합니다.

• 볼더링: 볼더링은 클라이머가 지면에 더 가까이 있기 때문에 일반적으로 추락 높이 측면에서 위험이 낮은 것으로 간주됩니다. 하지만 볼더링은 잘못 넘어지거나 고르지 않은 표면에 착지할 때 부상을 입을 수 있는 등 여전히 위험이 따릅니다.

− 장비:

• 리드 클라이밍: 리드 클라이머는 등반용 로프, 퀵드로(보호 지점에 클립하는 용도로 사용), 하네스, 헬멧, 빌레이 장치 등의 추가 장비가 필요합니다. 클라이밍 유형에 따라 너트나 캠과 같은 전통적인 등반 장비를 사용할 수도 있습니다.

• 볼더링: 볼더링은 최소한의 장비가 필요합니다. 클라이머들은 일반적으로 등산화, 접지력 향상을 위한 분필, 낙상 방지를 위한 크래시 패드를 사용합니다. 일부 볼더링에서는 홀드를 청소하고 마찰을 개선하기 위해 브러시를 사용하기도 합니다.

리드 클라이밍은 주로 실외의 자연 암벽에서 이루어지지만, 실내 인공 암벽에서도 연습할 수 있다는 점에 주목할 필요가 있습니다. 반면 볼더링은 실외와 실내 모두에서 할 수 있으며, 일반적으로 짧은 인공 암벽이나 볼더링 전용 구역에서 할 수 있습니다.

민재는 챗GPT의 답변을 통해 리드와 볼더링의 차이점을 좀 더 정확하게 파악하게 되었습니다. 그리고 두 종목의 차이점을 포인트별로 비교하는 Point-by-Point Method를 사용하여 에세이를 쓰기로 마음 먹었습니다.

Step 3. 아웃라인 작성하기

챗GPT가 알려준 정보를 바탕으로 민재는 리드와 볼더링을 비교하는 포인트로 각 종목의 게임 방법(Game Format), 각 종목에 필요한 능력(Required Abilities), 그리고 각 종목에 필요한 도구나 시설(Required Equipment and Facilities)로 정하였습니다. 이번에도 챗GPT에게 아웃라인 작성을 부탁해 볼까요?

Prompt

I am writing a 5 paragraph contrast essay that focuses on the three differences between the Lead and the Bouldering. I want you to write an essay outline. Body paragraphs contain the game format, required abilities, and required equipment and gym facility respectively.

리드와 볼더링의 세 가지 차이점에 초점을 맞춘 대조 에세이를 다섯 문단 분량으로 작성하고 있습니다. 에세이 아웃라인을 작성해 주세요. 본문 문단에는 각각 게임 형식, 필요한 능력, 필요한 장비 및 체육관 시설이 포함되어 있습니다.

Sure! Here's an outline for your essay on the contrast between Lead Climbing and Bouldering:

I. Introduction

    A. Hook/Attention Grabber

    B. Brief explanation of Lead Climbing and Bouldering

    C. Thesis statement: Lead Climbing and Bouldering differ in their game format, required abilities, and required equipment and gym facilities.

II. Body Paragraph 1: Game Format

    A. Explanation of Lead Climbing game format

        1. Climbing with a rope tied to the harness

        2. Following a predetermined route with anchors and quickdraws

        3. Clipping the rope into anchors for safety

        4. Goal: reaching the top with minimal falls or rests

    B. Explanation of Bouldering game format

        1. Climbing shorter, intense routes without ropes

        2. Tackling defined routes or sequences on a boulder or wall

3. Emphasis on technique, power, and problem−solving abilities

4. Goal: completing "problems" with precise movements and body coordination

III. Body Paragraph 2: Required Abilities

  A. Required abilities in Lead Climbing

    1. Endurance and stamina

    2. Rope management skills and route reading abilities

    3. Mental focus to handle potential falls

    4. Rope−handling techniques, such as efficient clipping and slack management

  B. Required abilities in Bouldering

    1. Explosive power and agility

    2. Strength for dynamic movements and sequences

    3. Problem−solving skills and spatial awareness

    4. Analysis of holds and body positioning for successful navigation

IV. Body Paragraph 3: Required Equipment and Gym Facility

    A. Required equipment for Lead Climbing

        1. Climbing harness, rope, quickdraws, carabiners, and helmet

        2. Need for a climbing partner or belayer

        3. Equipment for safety during falls

    B. Required equipment for Bouldering

        1. Climbing shoes for improved grip

        2. Chalk for better hand friction

        3. Crash pads for safety during falls

    C. Gym facility for Lead Climbing

        1. Taller walls with routes of varying difficulties

        2. Anchor placements for clipping the rope

        3. Facilities for lead climbing and belaying

    D. Gym facility for Bouldering

        1. Shorter walls or dedicated Bouldering areas

        2. Challenging and dynamic boulder problems

        3. Design elements to test strength and technique

V. Conclusion

    A. Restate thesis statement

    B. Recap the main differences between Lead Climbing and Bouldering

    C. Closing thoughts on the unique challenges and opportunities each style offers

    D. Final statement highlighting the passion for the sport and the joy of conquering challenging routes in both Lead Climbing and Bouldering.

리드 클라이밍과 볼더링의 대조에 대한 에세이의 개요는 다음과 같습니다:

I.서론

    A. 훅/주의 끌기

    B. 리드 클라이밍과 볼더링에 대한 간략한 설명

    C. 논지문: 리드 클라이밍과 볼더링은 게임 형식, 필요한 능력, 필요한 장비 및 체육관 시설이 다릅니다.

II. 본문 문단 1: 게임 형식

    A. 리드 클라이밍 게임 형식에 대한 설명

      1. 하네스에 밧줄을 묶고 등반하기

      2. 앵커와 퀵드로를 사용하여 미리 정해진 루트를 따라

         등반하기

      3. 안전을 위해 로프를 앵커에 끼우기

      4. 목표: 최소한의 낙하 또는 휴식으로 정상에 도달하기

   B. 볼더링 게임 형식에 대한 설명

      1. 로프 없이 짧고 격렬한 루트를 등반합니다.

      2. 정해진 루트 또는 순서대로 바위나 벽을 등반하기

      3. 기술, 힘 및 문제 해결 능력에 중점을 둡니다.

      4. 목표: 정확한 움직임과 신체 조정으로 "문제"를 완료

         합니다.

III. 본문 문단 2: 필수 능력

   A. 리드 클라이밍에 필요한 능력

      1. 지구력 및 체력

      2. 로프 관리 기술 및 루트 판독 능력

      3. 잠재적인 낙상을 대비하기 위한 정신 집중력

      4. 효율적인 클리핑 및 슬랙 관리 같은 로프 취급 기술

   B. 볼더링에 필요한 능력

1. 폭발적인 힘과 민첩성

2. 역동적인 움직임과 시퀀스를 위한 근력

3. 문제 해결 능력과 공간 인식 능력

4. 성공적인 탐색을 위한 홀드 및 신체 포지셔닝 분석

IV. 본문 문단 3: 필수 장비 및 체육관 시설

A. 리드 클라이밍에 필요한 장비

1. 클라이밍 하네스, 로프, 퀵드로우, 카라비너, 헬멧

2. 클라이밍 파트너 또는 빌레이어 필요

3. 추락을 대비한 안전 장비

B. 볼더링에 필요한 장비

1. 접지력 향상을 위한 등산화

2. 손 마찰력 향상을 위한 분필

3. 추락 시 안전을 위한 크래쉬 패드

C. 리드 클라이밍을 위한 체육관 시설

1. 다양한 난이도의 루트가 있는 높은 벽

2. 로프 클리핑을 위한 앵커 배치

3. 리드 클라이밍 및 빌레이를 위한 시설

D. 볼더링을 위한 체육관 시설

1. 짧은 벽 또는 볼더링 전용 구역

2. 도전적이고 역동적인 볼더 문제

3. 힘과 기술을 테스트하기 위한 디자인 요소

V. 결론

A. 논지문 다시 작성

B. 리드 클라이밍과 볼더링의 주요 차이점 요약하기

C. 각 종목에서 경험할 수 있는 독특한 도전과 기회에 대해 의견을 정리합니다.

D. 리드 클라이밍과 볼더링 모두에서 느낄 수 있는 스포츠에 대한 열정과 도전적인 루트를 정복하는 기쁨을 강조하는 마지막 멘트.

Step 4. 초안 작성하기

지금까지 민재는 챗GPT의 도움을 받아 리드와 볼더링에 대한 자료를 조사하였고, 비교–대조 에세이에 필요한 아웃라인을 작성하였습니다. 그리고 민재는 이 아웃라인을 참고하여 아래와 같은 에세이를 초안을 작성하였습니다. 다른 장르 에세이 쓰기와 마찬가지로 이 단계에는 AI 도구 사용이 허용되지 않습니다.

Lead and Bouldering

(1st draft)

Have you ever tried climbing? If so, what kind of climbing did you do? As a sports, climbing is divided into 3 entries, Lead, Bouldering and Speed. Matches are played individually though ranking is sum of 3. Each event is quite characteristic and attractive. Speed has unique game method and seems far from others. But lead and Bouldering show some similarities and most of climbers combine two, so people are often confusing these. There are some differences between Lead and Bouldering.

First, Lead and Bouldering have different game format. Lead uses 15m artificial rock face. In the 6 minutes time limit, player who climbed the route higher gets higher score. If there are two more players who reached on the top, refree compares the time and determine the ranking. On the other hand, Bouldering is played on the 4~5m rock wall. Players don't wear harness because they do not climb high. There are some small route which has top and zone. Score is calculated based on the number of try and how many zone and top are touched.

Second, the two types of climbing require different ability. In the lead, players have only one chance. So level of each section is easy than Bouldering. Players do route finding carefully before climbing the wall. Muscular endurance, distribution of time and cautious conducting is important. In contrast, Bouldering has only time limit. Bouldering routes are more difficult and challenging. Players can solve problems their own creative way. Because of the gap in the physique, flexibilty and skills, Players choose variety ways. Power and dynamic moves determind rankings.

This entries need different kind of gym. To train lead, climbing center is required to pretty high ceiling. A large size gym or an outside climbing wall can provide this facility. In addition, Lead needs belayer who grip the rope. Gym has More equipment and more responsibility. If there is no climbing center like that around you, you can go classic climbing center and train muscular endurance by following long route. In spite of Lead, Bouldering use small space. The height is 4~5m and routes are short. You can easily find this type of gym in city.

Lead and Bouldering have its own game method, requiring ability and athletic facilities. I recommend both because they will help make your body different way. At the Paris Olympic, Lead and Bouldering are the detailed event of climbing and ranked together. So understanding similarities and differences between them become important.

리드 및 볼더링

(1차 초안)

클라이밍을 해본 적이 있나요? 그렇다면 어떤 종류의 클라이밍을 하셨나요? 클라이밍은 스포츠로서 리드, 볼더링, 스피드의 세 가지 종목으로 나뉩니다. 경기는 개별적으로 진행되지만 순위는 세 종목의 기록을 합산하여 매겨집니다. 각 종목마다 특색이 있고 매력적이지만 스피드는 스피드만의 독특한 경기 방식이 있어 다른 종목과는 뚜렷하게 구분됩니다. 그러나 리드와 볼더링은 비슷한 점이 많고 대부분의 클라이머들이 두 가지 종목을 병행하기 때문에 사람들은 종종 혼동하는 경우가 있습니다. 리드와 볼더링에는 몇 가지 차이점이 있습니다.

첫째, 리드와 볼더링은 게임 형식이 다릅니다. 리드는 15m의 인공 암벽면을 사용합니다. 제한 시간 6분 동안 루트를 더 높이 등반한 플레이어가 더 높은 점수를 얻습니다. 정상에 도달한 플레이어가 두 명 이상일 경우, 심판이 도달 시간을 비교하여 순위를 결정합니다. 반면 볼더링은 4~5m의 암벽에서 경기를 진행합니다. 높이 올라가지 않기 때문에 하네스를 착용하지 않습니다. 탑과 존이 있는 작은 루트가 있습니다. 점수는 시도 횟수와 존과 탑을 터치한 횟수에 따라 계산됩니다.

둘째, 두 가지 유형의 클라이밍 종목에는 서로 다른 능력이 필요합니다. 리드에서는 플레이어에게 기회가 한 번만 주어집니다. 따라서 볼더링보다 각 구간의 난이도가 쉽습니다. 플레이어는 벽을 오르기 전에 경로를 신중하게 찾습니다. 근지구력, 시간 분배, 신중한 행동이 중요합니다. 반면 볼더링은 시간 제한만 있습니다. 볼더링 루트는 더 어렵고 도전적입니다. 플레이어는 자신만의 창의적인 방법으로 문제를 해결할 수 있습니다. 체격, 유연성 및 기술의 차이에 따라 플레이어는 다양한 방법을 선택합니다. 힘과 역동적인 동작이 순위를 결정합니다.

이 항목에는 다른 시설이 갖춰진 체육관이 필요합니다. 리드를 훈련하려면 천장이 꽤 높은 클라이밍 센터가 필요합니다. 대형 체육관이나 실외 클라이밍 암벽에서 시설을 이용할 수 있습니다. 또한 리드에는 로프를 잡는 빌레이어가 필요합니다. 체육관에는 더 많은 장비와 더 많은 책임이 있습니다. 주변에 이런 클라이밍 센터가 없다면 기본적인 클라이밍 센터에 가서 긴 루트를 따라가면서 근지구력을 단련할 수 있습니다. 리드와 달리 볼더링은 좁은 공간을 사용합니다. 높이가 4~5m이고 루트가 짧습니다. 도시에서 이런 유형의 체육관을 쉽게 찾을 수 있습니다.

리드와 볼더링은 게임 방식이 다르기 때문에 저마다 다른 능력과 운동 시설이 필요합니다. 두 가지 모두 다른 방법으로 몸을 단련하는 데 도움이 되므로 둘 다 권장합니다. 파리 올림픽에서 리드와 볼더링은 클라이밍의 세부 종목이며 함께 순위를 매깁니다. 따라서 두 종목의 유사점과 차이점을 이해하는 것이 중요합니다.

Step 5. 수정 및 편집하기

드디어 설명 에세이 초안이 완성되었습니다. 이 단계부터 민재는 친구와 챗GPT에게 다양한 피드백을 받고, 자신의 언어로 글을 수정하게 될 것입니다. 친구들은 민재의 에세이를 어떻게 생각할까요? 민재의 글을 읽은 친구들은 민재의 에세이를 전반적으로 높게 평가하면서도 어색한 표현이나 문장을 많이 지적하였습니다. 그리고 결론 부분도 강화하면 좋겠다는 의견을 주었습니다. 이런 친구들의 피드백을 받고 민재는 다음과 같은 다섯 가지 프롬프트를 챗GPT에 넣어 글을 수정하였습니다. 민재의 글은 어떻게 바뀌었을까요? 이번에도 친구들의 피드백이나 챗GPT를 통해 수정한 부분은 다른 색으로 표시하였습니다.

Prompt

How about this article?

Is there any awkward sentence?

I think the ending of my essay is unclear. What should I put in the ending?

Could you briefly summarize it in one paragraph?

Are there any parts of my essay that are difficult to understand?

이 글은 어때요?

어색한 문장은 없나요?

에세이의 결말이 불분명한 것 같아요. 결말에 무엇을 넣어야 하나요?

한 단락으로 간략하게 요약해 주시겠어요?

에세이에서 이해하기 어려운 부분이 있나요?

Lead and Bouldering

(2nd draft)

Have you ever tried climbing? If so, what kind of

climbing did you do? As a sport, climbing is divided into 3 entries, Lead, Bouldering, and Speed. Matches are played individually though the ranking is a sum of 3. Each event is quite characteristic and attractive. Speed has a unique game method and seems far from others. But lead and Bouldering show some similarities and most of the climbers combine two, so people are often confusing these. There are some differences between Lead and Bouldering.

First, Lead and Bouldering have different game formats. Lead uses a 15m artificial rock face. In the 6 minutes time limit, the player who climbed the route higher gets a higher score. If two or more players reach the top, the referee compares their times to determine the rankings. On the other hand, Bouldering is played on a 4~5m rock wall. Players don't wear harnesses because they do not climb high. Small routes have a Top and Zone. Top is a hold located at the end of route and Zone is a hold in the middle of the route. The score is calculated based on the number of tries and how many Zone and Top are touched.

Second, the two types of climbing require different abilities. In the lead, players have only one chance. Therefore, the level of each section is easier than Bouldering. Players do route finding carefully before climbing the wall. Muscular endurance, time management, and cautious conducting are important. In contrast, Bouldering has only a time limit not a limited number of times. Bouldering routes are more difficult and challenging. Players can solve problems in their own creative way. Due to differences in physique, flexibility, and skills, players adapt their approaches. Power and dynamic moves determine rankings.

These entries need different kinds of gyms. To train lead, the climbing center has to have a pretty high ceiling. A large size gym or an outside climbing wall can provide this facility. In addition, Lead needs a belayer who grips the rope. The gym has more equipment and more responsibility. If there is no climbing center like that around you, you can go to a classic climbing center and train muscular endurance by following long routes. Unlike Lead, Bouldering uses a small space. The height is 4~5m and routes are short. You can easily find this type of gym in a city.

Lead and Bouldering have their own game method, requiring ability and athletic facilities. So, whether you're a seasoned climber or a beginner, I encourage you to explore both disciplines and enjoy the immense satisfaction they bring. At the Paris Olympic in 2024, Lead and Bouldering are detailed events of climbing and ranking together. So understanding the similarities and differences between them become important.

리드 및 볼더링

(2차 초안)

클라이밍을 해본 적이 있나요? 그렇다면 어떤 종류의 클라이밍을 하셨나요? 클라이밍은 스포츠로서 리드, 볼더링, 스피드의 세 가지 종목으로 나뉩니다. 경기는 개인전으로 진행되지만 순위는 세 종목의 기록을 합산하여 매겨집니다. 각 종목마다 개성이 뚜렷하고 매력적입니다. 스피드는 게임 방식이 독특하고 다른 종목과는 거리가 멀어 보입니다. 하지만 리드와 볼더링은 몇 가지 유사점이 있고 대부분의 클라이머들이 두 가지를 결합하여 등반하기 때문에 사람들은 종종 혼동합니다. 리드와 볼더링에는 몇 가지 차이점이 있습니다.

첫째, 리드와 볼더링은 게임 형식이 다릅니다. 리드에서는 15m의 인공 암벽면을 사용합니다. 제한 시간 6분 동안 루트를 더 높이 등반한 플레이어가 더 높은 점수를 얻습니다. 두 명 이상의 선수가 정상에 도달하면 심판이 기록을 비교하여 순위를 결정합니다. 반면 볼더링은 4~5m의 암벽에서 경기를 진행합니다. 높이 올라가지 않기 때문에 선수들은 하네스를 착용하지 않습니다. 작은 루트에는 탑과 존이 있는데, 탑은 루트 끝에 위치한 홀드이고 존은 루트 중간에 위치한 홀드입니다. 점수는 시도 횟수와 존과 탑을 터치한 횟수에 따라 계산됩니다.

둘째, 두 가지 유형의 클라이밍 종목에는 서로 다른 능력이 필요합니다. 리드는 플레이어에게 기회를 한 번만 줍니다. 따라서 각 구역별 난이도는 볼더링보다 쉽습니다. 플레이어는 벽을 오르기 전에 경로를 신중하게 찾습니다. 근지구력, 시간 관리, 신중한 행동이 중요합니다. 반면 볼더링은 횟수 제한이 없고 시간 제한만 있습니다. 볼더링 루트는 더 어렵고 도전적입니다. 플레이어는 자신만의 창의적인 방식으로 문제를 해결할 수 있습니다. 체격, 유연성 및 기술의 차이로 인해 플레이어는 접근 방식을 달리합니다. 힘과 역동적인 동작이 순위를 결정합니다.

이러한 종목에는 다양한 종류의 체육관이 필요합니다. 리드를 훈련하려면 클라이밍 센터의 천장이 상당히 높아야 합니다. 대형 체육관이나 실외 클라이밍 벽이 있는 시설을 이용할 수 있습니다. 또한 리드는 로프를 잡는 빌레이어가 필요합니다. 체육관에는 더 많은 장비와 더 많은 책임이 있습니다. 주변에 이런 클라이밍 센터가 없다면 클래식 클라이밍 센터에 가서 긴 루트를 따라가며 근지구력을 단련할 수 있습니다. 리드와 달리 볼더링은 작은 공간을 사용합니다. 높이가 4~5m이고 루트가 짧습니다. 이런 유형의 체육관은 도시에서 쉽게 찾을 수 있습니다.

리드와 볼더링은 각기 게임 방식이 다르기 때문에 그에 맞는 능력과 운동 시설이 필요합니다. 따라서 노련한 클라이머든 초보자든 두 종목을 모두 경험해 보고 그 엄청난 만족감을 만끽해 보세요. 2024년 파리 올림픽에서 리드와 볼더링은 클라이밍 세부 종목으로 함께 점수가 매겨질 것입니다. 따라서 두 종목의 유사점과 차이점을 이해하는 것이 중요합니다.

이 단계에서는 챗GPT의 수정 사항을 비판적으로 보는 시각이 필요합니다. 챗GPT의 수정 사항을 모두 반영한다고 무조건 글이 좋아지지 않습니다. 챗GPT의 수정 사항이 자신의 글과 맞지 않는다고 생각하면 받아들이지 마세요. 또한 문장이 멋지게 수정이 되었다고 하더라도 원본 글에서 어느 부분이 어떻게 바뀌었는지를 아는 것은 매우 중요합니다. 그 차이점을 명확하게 인식하는 것이 더 나은 문장을 쓰는 첫걸음이 되기 때문입니다. 우리 영작문 교실에서는 학생들이 챗GPT나 친구들의 피드백을 통해 수정한 부분을 다른 색으로 표시하고, 어떤 점이 향상되었는지를 자기 분석(Self-analysis) 항목에 기술하고 있습니다. 민재는 자기 분석을 어떻게 썼는지 잠깐 살펴볼까요?

Self-analysis

- I corrected the grammatical errors.

- Expressions that seemed like direct translations were naturally changed(distribution of time, require a high ceiling…)

- Added explanation of terms.

Here are ChatGPT prompts I used.

- How about this article?

- Is there any awkward sentence?

- I think the ending of my essay is unclear. What should I put in the ending?

- Could you briefly summarize it in one paragraph?

- Are there any parts of my essay that are difficult to understand?

자기 분석

- 문법 오류를 수정했습니다.

- 직역처럼 보였던 표현을 자연스럽게 바꾸었습니다(시간 분배, 높은 천장이 필요하다…).

- 용어에 대한 설명을 추가했습니다.

제가 사용한 챗GPT 프롬프트는 다음과 같습니다.

– 이 기사는 어떠신가요?

– 어색한 문장은 없나요?

– 에세이의 결말이 불분명한 것 같아요. 결말에 무엇을 넣어야 하나
  요?

– 한 문단으로 간략하게 요약해 주시겠어요?

– 에세이에서 이해하기 어려운 부분이 있나요?

그리고 민재는 자신이 처음 쓴 글(1차 초안)과 친구들과 챗GPT의 피
드백으로 수정한 글(2차 초안)의 차이점을 쉽게 파악하기 위해 다음과
같은 프롬프트를 사용하였습니다.

Prompt

Make a table that compares the differences at the sentence
level between the 1st draft and the 2nd draft.
1차 초안과 2차 초안의 문장 수준에서 차이점을 비교하는 표를 작성
해 주세요.

Here is a table comparing the differences at the
sentence level between the 1st draft and the 2nd draft:

1st Draft	2nd Draft
As a sports, climbing is divided into 3 entries	As a sport, climbing is divided into 3 entries
Matches are played individually though ranking is sum of 3	Matches are played individually though the ranking is a sum of 3
Speed has unique game method and seems far from others	Speed has a unique game method and seems far from others
But lead and Bouldering show some similarities and most of climbers combine two, so people are often confusing these	But lead and Bouldering show some similarities and most of the climbers combine two, so people are often confusing these
Lead uses 15m artificial rock face	Lead uses a 15m artificial rock face
If there are two more players who reached on the top, refree compares the time and determine the ranking	If two or more players reach the top, the referee compares their times to determine the rankings
On the other hand, Bouldering is played on the 4~5m rock wall	On the other hand, Bouldering is played on a 4~5m rock wall
Players don't wear harness because they do not climb high	Players don't wear harnesses because they do not climb high
There are some small route whice has top and zone	Small routes that have a Top and Zone
. . .	

1차 초안과 2차 초안의 차이를 한눈에 살펴볼 수 있죠? 이 과정을 통해 학생들은 자신의 문장이 어떻게 수정되었는지를 파악할 수 있습니다. 이후 민재는 2차 초안을 다시 읽고 숙고하며 각 문단에서 여전히 어색한 부분들을 조금씩 수정(다른 색으로 표시된 부분)하여 3차 초안을 만들었습니다.

Paragraph 1 Speed has a unique game method and seems far from others.	Paragraph 1 Speed has a unique game method that sets it apart from the other two disciplines.
Paragraph 3 In contrast, Bouldering has only a time limit not a limited number of times. Bouldering routes are more difficult and challenging. Players can solve problems in their own creative way. Due to differences in physique, flexibility, and skills, players adapt their approaches. Power and dynamic moves determine rankings.	Paragraph 3 In contrast, Bouldering is not limited by the number of attempts but instead has a time limit. Bouldering routes are more demanding and challenging. Due to differences in physique, flexibility, and skills, players solve problems in their own creative way. Players use their momentary power, strong grip, and sense of balance. Power and dynamic moves determine rankings.
Paragraph 4 In addition, Lead needs a belayer who grips the rope. The gym has More equipment and more responsibility.	Paragraph 4 In addition, Lead needs a belayer who grips the rope. The gym requires additional equipment and has greater responsibility for accidents.

Paragraph 5
At the Paris olympic in 2024, Lead and Bouldering are detailed events of climbing and ranking together.

Paragraph 5
At the Paris Olympics in 2024, Lead and Bouldering are subcategories of climbing and ranking together.

Step 6. 최종안 작성하기

드디어 마지막 단계입니다. 지금까지의 피드백을 바탕으로 수정한 에세이를 마지막으로 확인하여 제출하는 단계입니다. 특히 설명 에세이 최종안을 작성할 때 다음과 같은 사항은 꼭 확인해야 합니다.

• 명확한 구조

에세이는 명확하고 일관된 구조를 가져야 합니다. 소개, 본론, 결론으로 구성되며, 각 문단은 명확한 주제 문장과 이를 뒷받침하는 주장, 예시, 증거를 포함해야 합니다.

• 논리적 흐름

에세이 내에서 아이디어와 주장들이 논리적인 순서로 흘러야 합니다. 문단들 간에 논리적 연결성을 유지하고, 각 문장과 문단이 자연스럽게 이어져야 합니다.

- 구체적인 예시와 증거

주장을 뒷받침하는 구체적인 예시와 증거를 제공해야 합니다. 이는 역사적 사건, 연구 결과, 전문가 의견 등을 인용하여 주장을 강화하는 데 도움이 됩니다.

- 객관성과 중립성

에세이는 가능한 한 객관적이고 중립적으로 작성되어야 합니다. 주장을 뒷받침하는 정보와 증거는 신뢰할 수 있는 출처에서 가져와야 합니다.

- 문체와 문법

적절한 문체와 문법을 사용하여 에세이를 작성해야 합니다. 문장 구조와 맞춤법을 확인하고, 문체가 적절하고 목표 독자에게 적합한지 확인하는 것이 중요합니다.

- 철저한 검토

최종적으로 작성한 에세이를 철저하게 검토해야 합니다. 오타, 문법 오류, 논리적 불일치 등을 찾아 수정하고, 문맥상 이해가 가능한지 확인하는 것이 필요합니다.

- 원활한 글쓰기 전환

각 문단과 문장 사이에 자연스러운 전환과 흐름을 유지해야 합니다.

문단 간의 논리적 연결성을 강조하고, 전환 문장이나 연결어를 사용하여 읽는 이들에게 명확한 진행을 제공하는 것이 좋습니다.

• 일관성

문체, 인용 형식, 표현 방식 등에서 일관성을 유지해야 합니다. 일관성은 에세이를 읽는 독자에게 안정감을 줄 수 있습니다.

또한 마지막으로 한 번 더 오타, 문법, 논리, 표현 등을 체크하고, 더 나은 표현이 있는지 고민해 보는 것이 좋습니다. 민재는 Grammarly프로그램을 사용하였고, 프로그램이 제안한 여러 수정 사항 중 구두점과 중복되는 단어 교체 등 일곱 군데를 수정하였습니다. 이제 리드와 볼더링이 어떻게 다른지 자세히 비교하는 설명 에세이가 완성되었습니다. 초안과 비교하여 어떻게 글이 바뀌었는지 꼭 확인해 보세요.

Lead and Bouldering

(final)

Have you ever tried climbing? If so, what kind of climbing did you do? As a sport, climbing is divided into three entries, Lead, Bouldering, and Speed. Matches are played individually though the ranking is a sum of 3. Each event is quite characteristic and attractive. Speed has a unique game method that sets it apart from the other two disciplines. But lead and Bouldering show some similarities and most climbers combine two, so people often confuse these. There are some differences between Lead and Bouldering.

First, Lead and Bouldering have different game formats. Lead uses a 15m artificial rock face. In the 6 minutes time limit, the player who climbed the route higher gets a higher score. If two or more players reach the top, the referee compares their times to determine the rankings. On the other hand, Bouldering is played on a 4~5m rock wall. Players don't wear harnesses because they do not climb high. Small routes have a Top and Zone. The top is a hold located at the end of the route, and Zone is a hold in the middle of the route. The score is calculated based on the number of tries and how many Zone and Top are touched.

Second, the two types of climbing require different

abilities. In the Lead, players have only one chance. Therefore, the level of each section is easier than Bouldering. Players do route finding carefully before climbing the wall. Muscular endurance, time management, and cautious conduct are important. In contrast, Bouldering is not limited by the number of attempts but instead has a time limit. Bouldering routes are more demanding and challenging. Due to differences in physique, flexibility, and skills, players solve problems in their own creative way. Players use their momentary power, strong grip, and sense of balance. Power and dynamic moves determine rankings.

These entries need different kinds of gyms. To train leaders, the climbing center has to have a high ceiling. A large size gym or an outside climbing wall can provide this facility. In addition, Lead needs a belayer who grips the rope. The gym requires additional equipment and has greater responsibility for accidents. If there is no climbing center like that around you, you can go to a classic climbing center and train muscular endurance by following long routes. Unlike Lead, Bouldering uses a small space.

The height is 4~5m, and the routes are short. But you can easily find a steep wall in the gyms. In these gyms, mats are used for safety. To make various problems, the gym uses unique holds and creates new problems periodically. You can easily find this type of gym in a city.

Lead and Bouldering have their own game method, requiring ability and athletic facilities. So, whether you're a seasoned climber or a beginner, I encourage you to explore both disciplines and enjoy the immense satisfaction they bring. At the Paris Olympics in 2024, Lead and Bouldering are subcategories of climbing and ranking together. So understanding the similarities and differences between them become essential.

리드 및 볼더링

(최종)

클라이밍을 해본 적이 있나요? 그렇다면 어떤 종류의 클라이밍을 하셨나요? 클라이밍은 스포츠로서 리드, 볼더링, 스피드의 세 가지 종목으로 나뉩니다. 경기는 개별적으로 진행되지만 순위는 세 가지 종목의 점수를 합산하여 매겨집니다. 각 종목은 매우 특징적이고 매력적입니다. 스피드 종목은 다른 두 종목과 차별화되는 독특한 경기 방식이 있습니다. 하지만 리드와 볼더링은 몇 가지 유사점이 있고 대부분의 클라이머가 두 가지를 결합하여 사용하기 때문에 사람들은 종종 이를 혼동합니다. 리드와 볼더링에는 몇 가지 차이점이 있습니다.

첫째, 리드와 볼더링은 게임 형식이 다릅니다. 리드에서는 15m의 인공 암벽면을 사용합니다. 제한 시간 6분 동안 루트를 더 높이 등반한 플레이어가 더 높은 점수를 얻습니다. 두 명 이상의 선수가 정상에 도달하면 심판이 기록을 비교하여 순위를 결정합니다. 반면 볼더링은 4~5m의 암벽에서 진행됩니다. 높이 올라가지 않기 때문에 하네스를 착용하지 않습니다. 탑과 존이 있는 작은 루트가 있는데, 탑은 루트 끝에 위치한 홀드, 존은 루트 중간에 위치한 홀드입니다. 점수는 시도 횟수와 존과 탑을 터치한 횟수에 따라 계산됩니다.

둘째, 두 가지 유형의 클라이밍 종목에는 서로 다른 능력이 필요합니다. 리드에서는 플레이어에게 기회가 한 번만 주어집니다. 따라서 각 섹션의 레벨은 볼더링보다 쉽습니다. 플레이어는 벽을 오르기 전에 경로를 신중하게 찾아야 합니다. 근지구력, 시간 관리, 신중한 행동이 중요합니다. 반면 볼더링은 시도 횟수에 제한이 없고 대신 시간 제한이 있습니다. 볼더링 루트는 더 까다롭고 도전적입니다. 체격, 유연성, 기술의 차이로 인해 플레이어는 자신만의 창의적인 방식으로 문제를 해결합니다. 플레이어는 순간적인 힘, 강한 악력, 균형 감각을 사용합니다. 힘과 역동적인 동작이 순위를 결정합니다.

이 종목들은 서로 다른 종류의 체육관이 필요합니다. 리드 클라이머가 훈련하려면 클라이밍 센터의 천장이 높아야 합니다. 대형 체육관이나 실외 클라이밍 암벽 시설을 이용할 수 있습니다. 또한 리드에는 로프를 잡는 빌레이어가 필요합니다. 체육관에는 추가 장비가 필요하며 사고에 대한 책임이 더 큽니다. 주변에 이런 클라이밍 센터가 없다면 클래식 클라이밍 센터에 가서 긴 루트를 따라가며 근지구력을 단련할 수 있습니다. 리드와 달리 볼더링은 작은 공간을 사용합니다. 높이가 4~5m이고 루트가 짧습니다. 하지만 체육관에서 가파른 벽을 쉽게 찾을 수 있습니다. 이 체육관에서는 안전을 위해 매트가 사용됩니다. 다양한 문제를 만들기 위해 체육관은 고유 한 홀드를 사용하고 주기적으로 새로운 문제를 만듭니다. 도시에서 이러한 유형의 체육관을 쉽게 찾을 수 있습니다.

리드와 볼더링에는 고유한 게임 방식이 있으며 그에 따른 능력과 운동 시설이 필요합니다. 따라서 숙련된 클라이머든 초보자이든 두 종목을 모두 경험해 보고 그 엄청난 만족감을 느껴보시기 바랍니다. 2024년 파리 올림픽에서 리드와 볼더링은 클라이밍의 하위 카테고리로 함께 순위가 매겨집니다. 따라서 두 종목의 유사점과 차이점을 이해하는 것은 필수적입니다.

마지막으로 논증 에세이를 쓰는 재욱이의 글쓰기 과정을 단계별로 살펴보겠습니다.

Step 1. 주제 선정하기

논증 에세이 혹은 설득 에세이는 특정 주제에 대해 양자 간의 의견 충돌을 다루는 글쓰기 유형입니다. 이러한 글쓰기는 주로 학교에서 논술 과제로 주어지며, 설득력 있는 주장을 논리적으로 펼쳐 독자들을 설득하는 것이 목적입니다.

Prompt

Recommend good topics for an argumentative essay.

논증 에세이에 좋은 주제 추천해 주세요.

Certainly! Here are some possible topic ideas for an argumentative essay:

1. The Effects of Social Media on Mental Health: Argue that social media use can have negative effects on mental health, and discuss potential solutions for mitigating these effects.

2. The Ethics of Genetic Engineering: Argue for or against the use of genetic engineering in humans or animals, and discuss the potential benefits and drawbacks of this technology.

3. The Pros and Cons of School Uniforms: Argue for or against the use of school uniforms, and discuss the potential benefits and drawbacks of this policy.

4. The Impact of Video Games on Violence: Argue for or against the idea that violent video games contribute to real-world violence, and discuss potential solutions for addressing this issue.

5. The Benefits and Drawbacks of Online Learning: Argue for or against the use of online learning in education, and discuss the potential benefits and drawbacks of this approach.

6. The Ethics of Animal Rights: Argue for or against the idea that animals have rights, and discuss potential solutions for protecting animal welfare.

7. The Impact of Climate Change on Human Populations: Argue that climate change is a significant

threat to human populations, and discuss potential solutions for mitigating its effects.

8. The Ethics of Capital Punishment: Argue for or against the use of capital punishment, and discuss potential alternatives and solutions for addressing crime.

I hope these ideas help you with your argumentative essay!

물론이죠! 다음은 논증 에세이에 대한 몇 가지 가능한 주제 아이디어입니다:

1. 소셜 미디어가 정신 건강에 미치는 영향: 소셜 미디어 사용이 정신 건강에 부정적인 영향을 미칠 수 있다고 주장하고 이러한 영향을 완화할 수 있는 잠재적인 해결책에 대해 토론합니다.

2. 유전 공학의 윤리: 인간이나 동물에게 유전 공학을 사용하는 것에 대해 찬성 또는 반대를 주장하고 이 기술의 잠재적인 장점과 단점에 대해 토론합니다.

3. 교복의 장단점: 교복 착용에 대해 찬성 또는 반대를 주장하고, 이 정책의 잠재적인 장점과 단점에 대해 토론하세요.

4. 비디오 게임이 폭력에 미치는 영향: 폭력적인 비디오 게임이 현실 세계의 폭력에 기여한다는 생각에 대해 찬성 또는 반대를 주장

하고 이 문제를 해결하기 위한 잠재적인 해결책에 대해 토론합니다.

5. 온라인 학습의 장점과 단점: 교육에서 온라인 학습을 사용하는 것에 대해 찬성 또는 반대를 주장하고, 이 방식의 잠재적인 장점과 단점에 대해 토론합니다.

6. 동물 권리의 윤리: 동물에게도 권리가 있다는 생각에 대해 찬성 또는 반대를 주장하고, 동물 복지를 보호하기 위한 잠재적인 해결책에 대해 토론합니다.

7. 기후 변화가 인간 인구에 미치는 영향: 기후 변화가 인류에게 중대한 위협이라고 주장하고, 기후 변화의 영향을 완화하기 위한 잠재적인 해결책에 대해 토론합니다.

8. 사형 제도의 윤리: 사형 제도에 대해 찬성 또는 반대를 주장하고, 범죄를 해결하기 위한 잠재적인 대안과 해결책에 대해 토론하세요.

이 아이디어가 논증 에세이를 작성하는 데 도움이 되길 바랍니다!

재욱이는 챗GPT가 제안해 준 여러 주제 중에 온라인 학습의 장단점(5. The Benefits and Drawbacks of Online Learning)을 주제로 선택하였습니다. 코로나19로 인해 장기간 원격 수업을 하면서 온라인 학습에 대한 여러 가지 생각이 많았기 때문입니다. 재욱이는 온라인 학습 반대의 입장에서 온라인 학습을 찬성하는 사람을 설득하는 에세이를 써 보려고 합니다. 일단 주제를 정했으니 아이디어 생각하기 단계로 넘어가 보겠습니다.

Step 2. 아이디어 생각하기

논증 에세이는 자신의 주장과 이를 뒷받침하는 객관적인 증거로 구성됩니다. 글 안에서 자신의 주장과 반대되는 의견을 다루고 이를 반박하며 자신의 논리를 좀 더 강조할 수 있습니다. 논증 에세이는 논리적인 구성과 논증을 통해 독자를 설득하는 것이 목표이므로 주제에 대한 철저한 조사가 꼭 필요합니다. 재욱이는 글을 쓰기 앞서 챗GPT의 도움을 받아 온라인 학습의 장단점을 파악하기로 하였습니다. 그리고 온라인 학습을 찬성하는 사람들의 반론(Counter-Argument)과 이 논리를 재반박(Refutation)하기 위한 논리도 조사하였습니다.

> Prompt

🔵 Do some research on the pros and cons of online learning.
온라인 학습의 장단점에 대해 조사해 보세요.

🔵 Certainly! Here are some pros and cons of online learning:

   • Pros of Online Learning:

– Flexibility: Online learning provides the flexibility to access course materials and lectures at any time and from any location with an internet connection. This flexibility allows students to balance their education with work, family, or other commitments.

– Accessibility: Online learning eliminates geographical barriers, allowing students to access education regardless of their location. It provides opportunities for individuals who may not have access to traditional educational institutions, such as those in remote areas or with physical limitations.

– Diverse Learning Options: Online platforms offer a wide range of courses and programs, allowing students to choose from various subjects and disciplines. This enables learners to pursue their specific interests and passions, or gain specialized knowledge in niche areas.

– Self–Paced Learning: Online courses often offer self–paced learning options, allowing students to progress through the material at their own speed. This accommodates different learning styles and preferences, providing a personalized learning experience.

− Cost-Effectiveness: Online learning can be more cost-effective compared to traditional education. It eliminates expenses associated with commuting, accommodation, and sometimes textbooks. Additionally, online courses often have lower tuition fees, making education more affordable.

• Cons of Online Learning:

− Limited Social Interaction: Online learning reduces face-to-face interaction with peers and instructors, which can hinder social development, collaboration, and networking opportunities. It may lack the vibrant learning environment and social dynamics found in traditional classrooms.

− Lack of Hands-on Experience: Some subjects, such as certain laboratory-based or practical courses, may be challenging to replicate effectively in an online setting. Hands-on experiences and physical interaction with equipment or materials may be limited.

− Need for Self-Motivation and Discipline: Online learning requires self-motivation and discipline as students are responsible for managing their time, staying on track with assignments, and overcoming distractions. This level of self–direction may not suit all learners and can lead to procrastination or a lack of accountability.

— Technical Challenges: Online learning relies heavily on technology, and technical difficulties or lack of access to reliable internet can hinder the learning experience. Technical issues can be frustrating and disrupt the flow of learning, requiring troubleshooting and potential delays.

— Limited Personalized Support: Online learning may offer limited opportunities for immediate and personalized support. Students may face challenges in receiving timely feedback, clarifying doubts, or engaging in real–time discussions with instructors and peers.

It's important to note that the effectiveness and suitability of online learning can vary based on individual learning styles, preferences, and the quality of the online program or institution. Online learning can be a valuable educational option, especially when combined with appropriate support mechanisms and resources to address the potential limitations.

물론입니다! 다음은 온라인 학습의 몇 가지 장단점입니다:

- 온라인 학습의 장점

– 유연성: 온라인 학습은 인터넷이 연결된 곳이라면 언제 어디서나 과목 학습 자료와 강의에 액세스할 수 있는 유연성을 제공합니다. 이러한 유연성 덕분에 학생들은 직장, 가족 또는 기타 약속과 교육 사이의 균형을 맞출 수 있습니다.

– 접근성: 온라인 학습은 지리적 장벽을 없애 학생들이 자신의 위치에 관계없이 교육에 접근할 수 있도록 합니다. 외딴 지역에 있거나 신체적 제약이 있는 등 기존 교육 기관을 이용할 수 없는 사람들에게도 기회를 제공합니다.

– 다양한 학습 옵션: 온라인 플랫폼은 폭넓은 학습 과정과 프로그램을 제공하여 학생들이 다양한 과목과 분야를 선택할 수 있습니다. 이를 통해 학생들은 자신의 특정 관심사와 열정을 추구하거나 틈새 영역에 대한 전문 지식을 습득할 수 있습니다.

– 자기 주도 학습: 온라인 학습은 종종 자기 주도 학습 옵션을 제공하여 학생이 자신의 속도에 맞춰 자료를 진행할 수 있습니다. 이는 다양한 학습 스타일과 선호도를 수용하여 개인화된 학습 경험을 제공합니다.

– 비용 효율성: 온라인 학습은 기존 교육에 비해 비용 효율성이 더 높습니다. 통근, 숙박, 때로는 교재와 관련된 비용이 들지 않습니

다. 또한 온라인 과정은 수업료가 저렴한 경우가 많으므로 교육 비용이 더 저렴합니다.

- 온라인 학습의 단점:

- 제한된 사회적 상호 작용: 온라인 학습은 동료 및 강사와의 대면 상호 작용을 줄여 사회성 발달, 협업 및 네트워킹 기회를 저해할 수 있습니다. 기존 교실에서 볼 수 있는 활기찬 학습 환경과 사회적 역동성이 부족할 수 있습니다.

- 실습 경험 부족: 특정 실험실 기반 또는 실습 과정과 같은 일부 과목은 온라인 환경에서 효과적으로 본따기 어려울 수 있습니다. 실습 경험 및 장비나 재료를 사용한 물리적 상호 작용이 제한될 수 있습니다.

- 자기 동기 부여와 규율의 필요성: 온라인 학습은 학생 스스로 시간을 관리하고 과제를 수행하며 산만함을 극복할 책임이 있으므로 자기 동기 부여와 절제력이 필요합니다. 이러한 수준의 자기 주도성은 모든 학습자에게 적합하지 않을 수 있으며 미루는 버릇이 생기거나 책임감 부족으로 이어질 수 있습니다.

- 기술적 문제: 온라인 학습은 기술에 크게 의존하기 때문에 기술적 어려움이나 안정적인 인터넷 접속 부족은 학습 경험을 방해할 수 있습니다. 기술적 문제는 학습의 흐름을 방해하고 문제 해결을 요구하며 잠재적인 지연을 초래할 수 있습니다.

– 제한된 개인 맞춤형 지원: 온라인 학습은 즉각적이고 개별적인 지원을 제공할 기회를 제한할 수 있습니다. 학생은 적시에 피드백을 받거나, 의문을 해소하거나, 교수자 및 동료와 실시간 토론에 참여하는 데 어려움을 겪을 수 있습니다.

　　온라인 학습의 효과와 적합성은 개인의 학습 스타일, 선호도, 온라인 프로그램 또는 기관의 품질에 따라 달라질 수 있다는 점에 유의해야 합니다. 특히 잠재적인 한계를 해결할 수 있는 적절한 지원 메커니즘 및 리소스와 결합한다면 온라인 학습은 유용한 교육 옵션이 될 수 있습니다.

Prompt

👤 Do some research on the logic to rebut pros.

찬성 측의 논리를 반박할 수 있는 논리를 조사해 보세요.

　　Certainly! Here are some counterarguments to the pros of online learning:

　　– Flexibility: While online learning offers flexibility, the lack of a set schedule and physical classroom environment can lead to challenges in time management and maintaining discipline. In-person classes provide structure and regular interaction with instructors, which can enhance accountability and engagement.

— Accessibility: While online learning addresses accessibility barriers, it can create new barriers for individuals who lack access to reliable internet or necessary technology. This can further marginalize disadvantaged communities and limit their educational opportunities. In-person education ensures equal access for all students, regardless of their technological resources.

— Diverse Learning Options: While online platforms provide diverse course options, the quality and credibility of these courses can vary significantly. Not all online courses are created equal, and there may be a lack of regulation and oversight in the online education space. Traditional educational institutions often have established reputations and accreditation processes, ensuring a certain level of quality and rigor in the curriculum.

— Self-Paced Learning: While self-paced learning can

benefit some students, it may not be suitable for everyone. Some students thrive in structured learning environments with clear deadlines and regular interaction with instructors and peers. Without the external accountability and structure of traditional classrooms, self-paced online courses can lead to procrastination, lack of motivation, and a shallow understanding of the subject matter.

- Cost-Effectiveness: While online learning can reduce certain costs, it may not always provide the same value as traditional education. In-person education often offers opportunities for hands-on experiences, networking, internships, and access to specialized resources like libraries and laboratories. These experiences may not be adequately replicated in an online setting, limiting the overall educational experience.

It's important to approach online learning with a critical mindset, considering both the benefits and potential drawbacks. A balanced approach that combines online and traditional educational methods may provide the most comprehensive and effective learning experience.

물론입니다! 온라인 학습의 장점에 대한 몇 가지 반론은 다음과 같습니다:

- 유연성: 온라인 학습은 유연성을 제공하지만, 정해진 일정과 물리적 강의실 환경이 없기 때문에 시간 관리와 규율 유지에 어려움을 겪을 수 있습니다. 대면 수업은 체계적이고 정기적으로 강사와 상호작용할 수 있어 책임감과 참여도를 높일 수 있습니다.

- 접근성: 온라인 학습은 접근성 문제를 해결하지만, 안정적인 인터넷이나 필요한 기술에 대한 접근성이 부족한 개인에게는 새로운 장벽이 될 수 있습니다. 이는 소외된 커뮤니티를 더욱 고립시키고 교육 기회를 제한할 수 있습니다. 대면 교육은 기술 자원에 관계없이 모든 학생에게 동등한 접근성을 보장합니다.

- 다양한 학습 옵션: 온라인 플랫폼은 다양한 강의 옵션을 제공하지만, 이러한 강의의 품질과 신뢰도는 크게 다를 수 있습니다. 모든 온라인 강좌가 똑같이 만들어진 것은 아니며, 온라인 교육 공간에 대한 규제와 감독이 부족할 수 있습니다. 전통적인 교육 기관은 종종 평판과 인증 프로세스를 확립하여 커리큘럼의 일정 수준의 품질과 엄격함을 보장합니다.

- 자기 주도 학습: 자기 주도 학습은 일부 학생에게 도움이 될 수 있지만 모든 학생에게 적합하지 않을 수 있습니다. 일부 학생은 마감일이 명확하고 교수자 및 동료와 정기적으로 상호 작용하는 구

조화된 학습 환경에서 성공할 수 있습니다. 기존 교육 기관의 외부 책임과 구조가 없는 자기 주도형 온라인 과정은 미루기, 동기 부여 부족, 주제에 대한 얕은 이해로 이어질 수 있습니다.

— 비용 효율성: 온라인 학습은 특정 비용을 절감할 수 있지만, 기존 교육처럼 항상 동일한 가치를 제공하지 않을 수 있습니다. 대면 교육은 실무 경험, 네트워킹, 인턴십, 도서관 및 실험실과 같은 전문 리소스에 대한 접근 기회를 제공하는 경우가 많습니다. 이러한 경험은 온라인 환경에서는 적절하게 복제되지 않을 수 있으므로 전반적인 교육 경험이 제한될 수 있습니다.

온라인 학습의 장점과 잠재적인 단점을 모두 고려하여 비판적인 사고방식으로 접근하는 것이 중요합니다. 온라인 학습과 전통적인 교육 방법을 결합한 균형 잡힌 접근 방식이 가장 포괄적이고 효과적인 학습 경험을 제공할 수 있습니다.

이와 같이 챗GPT는 특정 주제에 대한 다양한 아이디어를 모으는 데 좋은 도구가 될 수 있습니다. 하지만 통계나 연구 자료의 경우 수집한 자료의 정확성에 대해 한 번 더 확인해야 합니다. 챗GPT는 없는 이야기를 사실인 양 꾸며 대거나 잘못된 정보를 알려주는 경우가 종종 있기 때문입니다. 통계나 연구 자료가 게시된 사이트를 직접 방문하여 그 연구의 유무나 주요 사항을 반드시 확인해 보기 바랍니다.

Step 3. 아웃라인 작성하기

논증 에세이는 타당한 주장과 적절한 증거를 통해 독자를 설득하는 글쓰기입니다. 일반적으로 에세이의 첫 번째 서론 문단에서 문제를 도입하고, 중심 주장을 제시합니다. 본론에서는 객관적인 증거와 함께 주장을 논증하며, 마지막 결론 문단에서는 다시 한번 주장을 강조하면서 대안 및 해결책을 제시합니다. 재욱이는 챗GPT에게 온라인 학습을 찬성하는 입장에서 반대편을 설득하기 위한 에세이 아웃라인을 써달라고 부탁해 보았습니다.

Prompt

I'm writing a persuasive essay against online learning to convince people who favor it. I need you to create an efficient outline for my essay. The first three body paragraphs will show cons of online learning with examples and the last body paragraph should include a counterargument and a rebuttals.

온라인 학습을 찬성하는 사람들을 설득하기 위해 온라인 학습에 반대하는 설득력 있는 에세이를 쓰고 있습니다. 제 에세이의 효율적인 개요를 작성해 주셨으면 합니다. 처음 세 개의 본문 문단은 온라인 학습의 단점을 예시와 함께 제시하고 마지막 본문 문단에는 반론과 반박을 포함해야 합니다.

Certainly! Here's an efficient outline for your persuasive essay against online learning:

I. Introduction

    A. Hook or attention-grabbing statement to engage the reader

    B. Background information on online learning and its increasing popularity

    C. Clear thesis statement expressing your opposition to online learning

II. Body Paragraph 1: Lack of Personal Interaction and Social Development

    A. Explanation of the limitations of online platforms in facilitating face-to-face interaction

    B. Discussion on the importance of in-person communication and socialization for students

    C. Examples or evidence showcasing the negative consequences of reduced personal interaction and limited social development in online learning

III. Body Paragraph 2: Reduced Teacher–Student Engagement and Support

   A. Explanation of the challenges in establishing meaningful connections in online classrooms

   B. Discussion on the importance of personalized feedback and guidance for effective learning

   C. Examples or evidence highlighting the negative effects of reduced teacher–student engagement and support in online learning

IV. Body Paragraph 3: Distractions and Lack of Focus

   A. Discussion on potential distractions and reduced focus in non–traditional learning environments

   B. Explanation of how distractions can hinder academic performance and hinder learning outcomes

   C. Examples or evidence demonstrating the negative consequences of distractions in online learning

V. Body Paragraph 4: Counterargument and Rebuttals

A. Present a counterargument in favor of online learning (e.g., flexibility, access to resources)

B. Refute the counterargument by providing evidence and reasoning against it

C. Address the limitations and potential drawbacks of the counterargument to strengthen your position

VI. Conclusion

A. Restatement of the thesis statement emphasizing your opposition to online learning

B. Summary of the key points discussed in the essay, including the cons of online learning

C. Call to action, encouraging readers to reconsider their support for online learning

D. Closing statement that leaves a lasting impression on the reader

Remember to provide strong evidence, examples, and persuasive language in the body paragraphs to support your arguments effectively. In the counterargument section, anticipate potential counterarguments and address them with logical reasoning and evidence to strengthen your position. Good luck with your essay!

물론이죠! 다음은 온라인 학습에 반대하는 설득력 있는 에세이를 위한 효율적인 개요입니다:

I. 서론

    A. 독자의 관심을 끌기 위한 훅 또는 주의를 끄는 문구

    B. 온라인 학습 및 그 인기 증가에 대한 배경 정보

    C. 온라인 학습에 대한 반대를 표현하는 명확한 논지문

II. 본문 문단 1: 개인적 상호작용 및 사회성 발달의 부족

    A. 대면 상호작용을 촉진하는 데 있어 온라인 플랫폼의 한계에 대한 설명

    B. 학생을 위한 대면 커뮤니케이션 및 사회화의 중요성에 대한 토론

    C. 온라인 학습에서의 개인적 상호 작용 감소 및 사회성 발달 제한이 초래한 부정적인 결과를 보여주는 예 또는 증거

III. 본문 문단 2: 교사–학생 참여 및 지원 감소

    A. 온라인 교실에서 의미 있는 관계를 형성하는 데 따르는

어려움에 대한 설명

　　B. 효과적인 학습을 위한 개인 맞춤형 피드백 및 지도의 중
　　　요성에 대한 논의

　　C. 온라인 학습에서 교사-학생 참여 및 지원 감소의 부정적
　　　인 영향을 강조하는 예 또는 증거

IV. 본문 문단 3: 주의 산만 및 집중력 부족

　　A. 비대면 학습 환경에서의 잠재적 주의 산만 및 집중력 감
　　　소에 대한 논의

　　B. 산만함이 학업 성취도를 저해하고 학습 결과를 방해하는
　　　이유에 대한 설명

　　C. 온라인 학습에서 산만함의 부정적인 결과를 보여주는 예
　　　또는 증거

V. 본문 문단 4: 반론 및 반박

　　A. 온라인 학습에 찬성하는 반론을 제시합니다(예: 유연성,
　　　리소스 접근성).

　　B. 반론에 대한 증거와 추론을 제시하여 반론을 반박합니다.

　　C. 반론의 한계와 잠재적 단점을 언급하여 자신의 입장을
　　　강화합니다.

VI. 결론

    A. 온라인 학습에 대한 귀하의 반대 의견을 강조하는 논지

        문 재진술

    B. 온라인 학습의 단점을 포함하여 에세이에서 논의된 주요

        요점 요약

    C. 독자가 온라인 학습에 대한 지원을 재고하도록 권장하는

        행동 촉구

    D. 독자에게 지속적인 인상을 남기는 마무리 문장

본문 문단에서 강력한 증거, 예시, 설득력 있는 언어를 사용하여 자신의 주장을 효과적으로 뒷받침하는 것을 잊지 마세요. 반론 섹션에서는 잠재적인 반론을 예상하고 논리적 추론과 증거를 통해 자신의 입장을 강화하세요. 에세이 작성에 행운을 빕니다!

챗GPT 도움으로 논리적이고 설득력 있는 아웃라인이 완성되었습니다. 아웃라인을 검토하던 재욱이는 본문 2문단에 온라인 학습이 실습 경험 부족(lack of hands-on experience)을 가져온다는 내용을 추가하기로 하였습니다. 간혹 챗GPT가 만들어 준 아웃라인이 마음에 들지 않는 경우가 있다면 직접 수정하거나 프롬프트에서 아웃라인에 포함될 내용을 좀 더 구체적으로 명시하면 좀 더 발전한 아웃라인을 볼 수 있습니다.

Step 4. 초안 작성하기

이번 단계에서 재욱이는 수정된 아웃라인을 바탕으로 직접 설득 에 세이 초안을 작성하였습니다.

The Limitation of Online Education

(1st draft)

Online education has rapidly gained popularity in recent years by its convenience and as an alternative to traditional education. Since the COVID-19 pandemic, we had to get ourselves in our own houses, seeing friends online. However, while online education offers a big advantage, I disagree that online education is the best choice for all students. In this essay, I would like to reveal the drawbacks of online education and highlight the aspects that fall short compared to traditional education.

One of the major drawbacks of online education is limited personal interaction. In a traditional classroom setting, students can have face-to-face discussions, ask questions in real-time, and receive immediate feedback from their teachers. These interpersonal interactions make deeper understanding and foster communication and collaboration among students. In contrast, online education relies heavily on digital communication platforms, which can be impersonal. The absence of real–time interaction can hinder student engagement, making it challenging for learners to establish connections.

Another disadvantage of online education is that we can't experience hands–on learning experiences. Physical presence and active participation are crucial for comprehensive comprehension in many subjects, such as laboratory–based sciences or performing arts. Practical experimentation, group activities, and live demonstrations are very important in effective learning. Unfortunately, online education platforms often struggle to replicate such hands–on experiences. Students may miss out on the chance to develop essential skills through direct practice and experimentation, limiting their overall educational growth.

Finally, online education fails to promote active student participation in the same way as traditional classroom settings. In a physical classroom, students are more likely to focus on the lesson, and participate in discussions, debates, and group activities. The presence of instructors creates a dynamic learning environment that encourages students to contribute their ideas, share diverse perspectives, and develop critical thinking skills. In contrast, online education platforms may lack the immediacy that face-to-face interactions bring. Also, the absence of instructors makes students feel that they are not being watched and the instructors won't know that they aren't participating in the lesson. These days, access to the internet is so easy and this makes students to not pay attention to the lesson and play games or watch youtube during class.

Proponents of online education often highlight its flexibility and accessibility as major advantages. They argue that online learning allows individuals to study at their own pace, from any location. While these aspects may be beneficial for certain individuals, it is essential to recognize that not all learners thrive in independent, self-paced environments. Some students may require the structure and guidance provided by traditional classrooms to maintain motivation and discipline. Additionally, accessibility to online education can be limited by factors such as the digital divide, where individuals with limited internet access or technology resources are at a disadvantage.

In conclusion, the limitations of online education, including the lack of personal interaction, reduced hands— on learning opportunities, and failure to make students participate actively, make education worth less than the original. As we move forward, it is inevitable to strike a balance between the advantages of online education and the unique benefits of traditional classrooms, ensuring that learners have access to the most effective and comprehensive learning environments.

온라인 교육의 한계

(초안)

온라인 교육은 편리함과 기존 교육의 대안으로 최근 몇 년 동안 빠르게 인기를 얻고 있습니다. 코로나19 팬데믹 이후 우리는 집 안에 틀어박혀 온라인으로 친구들을 만나야 했습니다. 온라인 교육이 큰 이점을 제공하는 것은 사실이지만, 모든 학생들에게 온라인 교육이 최선의 선택이라는 데는 동의하지 않습니다. 이 글에서는 온라인 교육의 단점을 밝히고 기존 교육에 비해 부족한 측면을 강조하고자 합니다.

온라인 교육의 가장 큰 단점 중 하나는 개인적인 상호 작용이 제한된다는 것입니다. 전통적인 교실 환경에서는 학생들이 얼굴을 맞대고 토론하고, 실시간으로 질문하고, 교사로부터 즉각적인 피드백을 받을 수 있습니다. 이러한 대인 상호작용은 학생들 간에 더 깊은 이해를 돕고 소통과 협업을 촉진합니다. 반면 온라인 교육은 디지털 커뮤니케이션 플랫폼에 크게 의존하기 때문에 비인격적일 수 있습니다. 실시간 상호 작용이 없으면 학생의 참여가 저해되어 학습자가 관계를 형성하는 데 어려움을 겪을 수 있습니다.

온라인 교육의 또 다른 단점은 실습 학습을 경험할 수 없다는 것입니다. 실험실 기반의 과학이나 공연 예술과 같은 많은 과목에서 종합적인 이해를 위해서는 물리적 존재와 적극적인 참여가 중요합니다. 실제 실험, 그룹 활동, 라이브 시연은 효과적인 학습에 매우 중요합니다. 안타깝게도 온라인 교육 플랫폼은 이러한 실습 경험을 재현하는 데 어려움을 겪는 경우가 많습니다. 학생들은 직접적인 실습과 실험을 통해 필수적인 기술을 개발할 기회를 놓쳐 전반적인 교육적 성장이 제한될 수 있습니다.

마지막으로, 온라인 교육은 전통적인 교실 환경과 같은 방식으로 학생들의 적극적인 참여를 촉진하지 못합니다. 오프라인 교실에서는 학생들이 수업에 집중하고 토의, 토론 및 그룹 활동에 참여할 가능성이 더 높습니다. 강사의 존재는 학생들이 자신의 아이디어를 제공하고 다양한 관점을 공유하며 비판적 사고 능력을 개발하도록 장려하는 역동적인 학습 환경을 조성합니다. 반면, 온라인 교육 플랫폼은 대면 상호작용이 가져다주는 즉각성이 부족할 수 있습니다. 또한 강사의 부재로 인해 학생들은 자신이 지켜보고 있지 않다고 느끼고 강사는 학생들이 수업에 참여하고 있지 않다는 사실을 알지 못합니다. 요즘에는 인터넷에 쉽게 접속할 수 있기 때문에 학생들이 수업 시간에 수업에 집중하지 않고 게임하거나 유튜브를 시청할 수도 있습니다.

온라인 교육을 지지하는 사람들은 온라인 교육의 유연성과 접근성을 주요 장점으로 강조합니다. 그들은 온라인 학습을 통해 개인이 장소에 구애받지 않고 자신의 속도에 맞춰 공부할 수 있다고 주장합니다. 이러한 측면은 특정 개인에게 유익할 수 있지만, 모든 학습자가 독립적이고 자기 주도적인 환경에서 성공하지 않는다는 점을 인식하는 것이 중요합니다. 일부 학생은 동기 부여와 규율을 유지하기 위해 기존 강의실에서 제공하는 구조와 지도가 필요할 수 있습니다. 또한 인터넷 접속이나 기술 리소스가 제한된 개인이 디지털 격차와 같은 요인으로 온라인 교육에 대한 접근성이 제한될 수 있습니다.

결론적으로, 온라인 교육의 한계는 개인 상호작용 부족, 실습 기회 감소, 학생들의 적극적인 참여 유도 실패 등으로 인해 교육의 가치를 기존의 교육보다 떨어뜨립니다. 앞으로 온라인 교육의 장점과 기존 교실의 고유한 장점 사이에서 균형을 유지하여 학습자가 가장 효과적이고 포괄적인 학습 환경을 이용할 수 있도록 하는 것이 불가피합니다.

Step 5. 수정 및 편집하기

이번 단계는 완성된 초안에 대해 동료와 AI 도구에게 피드백을 받는 단계입니다. 앞서 말씀드렸듯이 우리 영작문 교실에서는 마이크로소프트 팀즈 앱의 공유문서 기능을 활용하여 친구의 글을 피드백하고 있습니다. 재욱이는 친구들로부터 어떤 피드백을 받았을까요?

여러 가지 피드백 중 재욱이가 가장 주목한 부분은 주장을 뒷받침하기 위한 근거를 좀 더 자세히 제시하는 것이 좋겠다는 의견이었습니다. 주장에 대한 근거를 좀 더 강화하기 위해 좀 더 구체적인 연구나 사례를 언급하면 좋겠다고 생각한 재욱이는 다음과 같은 프롬프트를 사용하였습니다. 그리고 챗GPT의 답변에서 좋은 부분을 선택하고 1차 초안에 반영하여 2차 초안을 작성하였습니다.

Make the following essay more persuasive by materializing the evidence.

증거를 구체화하여 다음 에세이를 더욱 설득력 있게 작성하세요.

The Limitation of Online Education

(2nd draft)

Online education has rapidly gained popularity in recent years by its convenience and as an alternative to traditional education. Since the COVID-19 pandemic, we had to get ourselves in our own houses, seeing friends online. However, while online education offers a big advantage, I disagree that online education is the best choice for all students. In this essay, I would like to reveal the drawbacks of online education and highlight the aspects that fall short compared to traditional education.

One of the major drawbacks of online education is limited personal interaction. In a traditional classroom setting, students can have face-to-face discussions, ask questions in real-time, and receive immediate feedback from their teachers. A study conducted by the National Education Association found that in-person interactions fostered deeper understanding and improved communication and collaboration among students. In contrast, online education relies heavily on digital communication platforms, which can be impersonal. According to a survey by EdSurge, 72% of online learners reported feeling isolated and disconnected due to the lack of real-time interaction. The absence of real-time interaction can hinder student engagement, making it challenging for learners to establish connections.

Another disadvantage of online education is the inability to experience hands-on learning. Physical presence and active participation are crucial for comprehension in many subjects, such as laboratory-based sciences or performing arts. Practical experimentation, group activities, and live demonstrations are very important in effective learning. Unfortunately, online education platforms often struggle to replicate such hands-on experiences. Visualize students watching pre-recorded videos of experiments or simulations, missing out on the opportunity to actively participate and engage with the material. This limitation restricts students' ability to fully . grasp complex concepts and apply them in real—world scenarios.

Finally, online education fails to promote active student participation in the same way as traditional classroom settings. In a physical classroom, students are more likely to focus on the lesson, and participate in discussions, debates, and group activities. A report by the U.S. Department of Education found that active student engagement enhances critical thinking skills and promotes knowledge retention. The presence of instructors creates a dynamic learning environment that encourages students to contribute their ideas, share diverse perspectives, and develop critical thinking skills. In contrast, online education platforms may lack the immediacy that face—to—face interactions bring. Also, the absence of instructors makes students feel that they are not being watched and the instructors won't know that they aren't participating in the lesson. These days, access to the internet is so easy and this makes students to not pay attention to the lesson and play games or watch youtube during class.

Proponents of online education often highlight its flexibility and accessibility as major advantages. They argue that online learning allows individuals to study at their own pace, from any location. While these aspects may be beneficial for certain individuals, it is essential to recognize that not all learners thrive in independent, self-paced environments. Some students require the structure and guidance provided by traditional classrooms to maintain motivation and discipline. Additionally, accessibility to online education can be limited by factors such as the digital divide, where individuals with limited internet access or technology resources are at a disadvantage.

In conclusion, the limitations of online education, including the lack of personal interaction, reduced hands-on learning opportunities, and failure to make students participate actively, make education worth less than traditional education. As we move forward, it is inevitable to strike a balance between the advantages of online education and the unique benefits of traditional classrooms, ensuring that learners have access to the most effective and comprehensive learning environments.

온라인 교육의 한계

(2차 초안)

온라인 교육은 편리함과 기존 교육의 대안으로 최근 몇 년 동안 빠르게 인기를 얻고 있습니다. 코로나19 팬데믹 이후 우리는 집안에서 온라인을 통해 친구들을 만나야 했습니다. 온라인 교육이 큰 이점을 제공하는 것은 사실이지만, 모든 학생들에게 온라인 교육이 최선의 선택이라는 데는 동의하지 않습니다. 이 글에서는 온라인 교육의 단점을 밝히고 기존 교육에 비해 부족한 측면을 강조하고자 합니다.

온라인 교육의 가장 큰 단점 중 하나는 개인적인 상호 작용이 제한된다는 것입니다. 전통적인 교실 환경에서는 학생들이 얼굴을 맞대고 토론하고, 실시간으로 질문하고, 교사로부터 즉각적인 피드백을 받을 수 있습니다. 전미교육협회에서 실시한 연구에 따르면 대면 상호작용이 학생들 간에 더 깊은 이해를 촉진하고 커뮤니케이션과 협업을 개선하는 것으로 나타났습니다. 이러한 대면 상호작용은 학생들 간에 더 깊은 이해를 돕고 소통과 협업을 촉진합니다. 반면 온라인 교육은 비인격적일 수 있는 디지털 커뮤니케이션 플랫폼에 크게 의존합니다. EdSurge의 설문조사에 따르면 온라인 학습자의 72%가 실시간 상호 작용의 부재로 인해 고립감과 단절감을 느낀다고 답했습니다. 실시간 상호 작용의 부재는 학생의 참여를 방해하여 학습자가 관계를 맺는 데 어려움을 겪을 수 있습니다.

온라인 교육의 또 다른 단점은 실습 학습을 경험할 수 없다는 것입니다. 실험실 기반의 과학이나 공연 예술과 같은 많은 과목에서 물리적 존재와 적극적인 참여는 이해에 매우 중요합니다. 실제 실험, 그룹 활동, 라이브 시연은 효과적인 학습에 매우 중요합니다. 안타깝게도 온라인 교육 플랫폼은 이러한 실습 경험을 재현하는 데 어려움을 겪는 경우가 많습니다. 학생들이 실험이나 시뮬레이션을 미리 녹화한 동영상을 시청하는 것을 상상해 보면, 적극적으로 참여하고 자료에 몰입할 수 있는 기회를 놓치게 됩니다. 이러한 제한은 학생들이 복잡한 개념을 완전히 이해하고 실제 시나리오에 적용하는 능력을 제한합니다.

마지막으로, 온라인 교육은 전통적인 교실 환경과 같은 방식으로 학생들의 적극적인 참여를 촉진하지 못합니다. 실제 교실에서는 학생들이 수업에 집중하고 토의, 토론 및 그룹 활동에 참여할 가능성이 더 높습니다. 미국 교육부의 보고서에 따르면 학생들의 적극적인 참여는 비판적 사고 능력을 향상시키고 지식 유지를 촉진하는 것으로 나타났습니다. 강사의 존재는 학생들이 자신의 아이디어를 제공하고 다양한 관점을 공유하며 비판적 사고 능력을 개발하도록 장려하는 역동적인 학습 환경을 조성합니다. 반면, 온라인 교육 플랫폼은 대면 상호작용이 가져다주는 즉각성이 부족할 수 있습니다. 또한 강사의 부재로 인해 학생들은 자신이 지켜보고 있지 않다고 느끼고 강사는 학생들이 수업에 참여하고 있지 않다는 사실을 알지 못합니다. 요즘에는 인터넷에 쉽게 접속할 수 있기 때문에 학생들이 수업 시간에 수업에 집중하지 않고 게임을 하거나 유튜브를 시청하는 경우가 많습니다.

온라인 교육을 지지하는 사람들은 온라인 교육의 유연성과 접근성을 주요 장점으로 강조합니다. 그들은 온라인 학습을 통해 개인이 장소에 구애받지 않고 자신의 속도에 맞춰 공부할 수 있다고 주장합니다. 이러한 측면은 특정 개인에게 유익할 수 있지만, 모든 학습자가 독립적이고 자기 주도적인 환경에서 성공하는 것은 아니라는 점을 인식하는 것이 중요합니다. 일부 학생은 동기 부여와 규율을 유지하기 위해 기존 교실에서 제공하는 구조와 지도가 필요합니다. 또한 인터넷 접속이나 기술 리소스가 제한된 개인이 불리한 디지털 격차와 같은 요인으로 인해 온라인 교육에 대한 접근성이 제한될 수 있습니다.

결론적으로, 온라인 교육의 한계는 개인적인 상호작용 부족, 실습 기회 감소, 학생들의 적극적인 참여 유도 실패 등으로 인해 기존 교육에 비해 교육 가치가 떨어집니다. 앞으로 온라인 교육의 장점과 기존 교실의 고유한 장점 사이의 균형을 유지하여 학습자가 가장 효과적이고 포괄적인 학습 환경을 이용할 수 있도록 하는 것이 불가피합니다.

1차 초안과 비교하였을 때 2차 초안에서는 논거를 좀 더 구체화하거나 실제 연구를 인용하여 주장의 근거가 좀 더 강해진 것을 살펴볼 수 있습니다(다른 색으로 표시). 챗GPT가 문장을 전부 바꿔 주는 경우가 있었지만 재욱이는 바뀐 문장이 자신의 원본과 괴리감이 있어 대부분 자신의 문장을 그대로 사용하였습니다. 다시 한번 강조하면 챗GPT의 생성물을 비판 없이 그대로 사용해서는 안 됩니다. 챗GPT가 생성한 내용을 반드시 확인하고 그중에서도 자신의 의도와 부합하는 내용을 선택하는 것이 좋습니다.

다음으로 재욱이는 2차 초안을 다시 숙독하여 논리나 표현이 정확한지, 바뀐 내용이 자신의 의도와 일치하는지 확인하였습니다. 재욱이는 네 번째 문단에서 챗GPT가 덧붙여준 부분이 너무 당연한 내용이고 앞의 내용과 중복되어(Redundant) 글의 간결성을 해친다고 판단하여 삭제하였습니다.

Paragraph 4
Finally, online education fails to promote active student participation in the same way as traditional classroom settings. In a physical classroom, students are more likely to focus on the lesson, and participate in discussions, debates, and group activities. A report by the U.S. Department of Education found that active student engagement enhances critical thinking skills and promotes knowledge retention.

Paragraph 4
Finally, online education fails to promote active student participation in the same way as traditional classroom settings. In a classroom, students are more likely to focus on the lesson, and participate in discussions, debates, and group activities.

Step 6. 최종안 작성하기

드디어 마지막 단계입니다. 지금까지 피드백을 바탕으로 수정된 에세이를 마지막으로 확인하고 제출하는 단계입니다. 이때, 한 번 더 오타, 문법, 논리, 표현 등을 체크하고, 더 나은 표현이 있는지 고민해 보는 것이 좋습니다. 특히 논증 글쓰기는 논지문(대개 서론 마지막 부분에 위치함)이 충분히 강력한지 꼭 확인해야 합니다. 마지막으로 재욱이는 Grammarly 프로그램을 사용하여 문법 오류나 맞춤법, 구두점을 점검하였습니다.

이제 드디어 재욱이의 논증 에세이가 완성되었습니다. 지면상 완성된 에세이 전문을 싣지는 않겠습니다. 하지만 재욱이의 최종안을 읽어 보니 초안에 비해 주장이 좀 더 명확해지고 주장에 대한 근거가 좀 더 탄탄해진 것 같군요.

장르별 에세이 쓰기에 사용한 프롬프트 모음

다음은 학생들이 서술 에세이와 묘사 에세이의 'Step 5. 수정 및 편집 하기' 단계에서 가장 많이 사용한 챗GPT 프롬프트입니다. 여러분들도 다 양한 프롬프트를 직접 사용하여 자신의 글이 어떻게 바뀌는지를 확인해 보면 더욱 좋겠습니다. 특히 원글의 흐름이나 스토리를 유지한 채 글의 흐름을 좀 더 자연스럽게 만드는 프롬프트는 유용하게 사용됩니다.

서술 에세이, 묘사 에세이에 학생들이 사용한 프롬프트 모음

Prompt Collection

▷ Change adjectives more vivid and natural.
  형용사를 더 생생하고 자연스럽게 바꿔보세요.

▷ How would you write this sentence?
  이 문장을 어떻게 쓰시겠어요?

▷ Tell me about what sentence is awkward and how to make it better
  어떤 문장이 어색하고 어떻게 개선할 수 있는지 알려 주세요.

▷ Make this essay more descriptive
  이 에세이를 더 묘사적으로 만들어 주세요.

▷ Correct the grammar of this essay below.
  아래에서 이 에세이의 문법을 수정하세요.

▷ Can you make weak expressions more specific?
  모호한 표현을 좀 더 구체적으로 표현할 수 있나요?

▷ Get rid of the useless information if needed.
  필요한 경우 쓸데없는 정보를 제거하세요

▷ Can you make last paragraph more abound and summarized?

마지막 문단을 더 풍부하고 요약적으로 만들 수 있나요?

▶ Can you make last paragraph more concise without repeating word?

마지막 문단을 반복되는 단어 없이 더 간결하게 만들 수 있나요?

▶ Could you fix the grammar errors of this essay? You can change things that are awkward too.

이 에세이의 문법 오류를 고칠 수 있나요? 어색한 표현도 바꿀 수 있습니다.

▶ Could you add a little of a poetic sent in the essay? Just a little. Your poetic parts are all full of similies.

에세이에 시적인 문구를 조금 추가해 주시겠어요? 아주 조금만요. 시적인 부분이 모두 비유로 가득 차게요.

▶ What about using metaphores or other figuratives that are more natural? try it again.

은유나 더 자연스러운 비유를 사용하는 것은 어떨까요? 다시 시도해 보세요.

▶ Write a funny hook of a following essay.

다음 에세이의 재미있는 훅을 써 보세요.

▶ Please refine following essay.

다음 에세이를 다듬어 주세요.

▶ Make the following essay smoother and use some transition words to make it better.

다음 에세이를 더 매끄럽게 만들고 전환 단어를 사용하여 더 좋게 만드세요.

▶ Fix all the grammatical errors of the essay to make it better.

에세이의 모든 문법 오류를 수정하여 더 좋게 만드세요.

▶ Let the sentence flow naturally and check the grammar of the essay

문장이 자연스럽게 흐르도록 하고 에세이의 문법을 확인하세요.

- Add a transition word between the third and fourth paragraph.

  세 번째 문단과 네 번째 문단 사이에 전환 단어를 추가하세요.

- Make the following writing more natural in it's flow, while maintaining it's original structure and core ideas.

  원래의 구조와 핵심 아이디어를 유지하면서 다음 글의 흐름이 더 자연스럽게 이어지도록 하세요.

- Check the grammar of this essay.

  이 에세이의 문법을 확인하세요.

- Make the sentences more natural for the paragraph below.

  아래 문단의 문장을 더 자연스럽게 만들어 보세요.

- Can you correct grammars and make the sentences look more connected for the narrative essay below.

  아래 서술 에세이의 문법을 수정하고 문장이 더 자연스럽게 연결되도록 만들 수 있나요?

- Edit the following essay more naturally using more abundant expressions while not changing the story.

  아래 에세이를 스토리를 바꾸지 않으면서 더 풍부한 표현을 사용하여 더 자연스럽게 수정해 주세요.

- Can you modify my writing in more vivid fashion?

  제 글을 더 생생하게 수정해 주실 수 있나요?

- Please revise my essay to increase clarity and conciseness, and reinforce my conclusion.

  명확성과 간결성을 높이고 결론을 강화하도록 에세이를 수정해 주세요.

- Revise the essay to highlight the keyword "connection". Don't change the point.

  "연결"이라는 키워드를 강조하도록 에세이를 수정하세요. 요점을 바꾸지 마세요.

▶ Where is something out of context?

문맥에 맞지 않는 부분이 있나요?

▶ What is your definition of love?

사랑에 대한 당신의 정의는 무엇인가요?

▶ This is an essay about marathon. Can you give some ideas to improve this into a more impressive and sentimental essay?

마라톤에 관한 에세이입니다. 이 에세이를 더 인상적이고 감성적인 에세이로 개선할 수 있는 몇 가지 아이디어를 제시해 주시겠어요?

▶ Can you illustrate these by giving actual changes to the essay? Thank you! Also, could you make the sentences like a novel, using literary words?

에세이에 실제 변화를 주어 이를 설명해 주시겠어요? 감사합니다! 또한 문학적 단어를 사용하여 소설처럼 문장을 만들어 주실 수 있나요?

▶ Can you revise this essay to be more vivid?

이 에세이를 더 생생하게 수정할 수 있나요?

▶ Can you point out some sentences that can be revised?

수정할 수 있는 문장을 지적해 주실 수 있나요?

▶ Please improve my writing essay.

제 글쓰기 에세이를 개선해 주세요.

▶ How can I improve that sentence?

이 문장을 어떻게 개선할 수 있나요?

▶ Please change my essay to be more natural.

에세이를 더 자연스럽게 바꿔 주세요.

▶ How can I change the conclusion paragraph to show more emotions I felt?

제가 느낀 감정을 더 잘 표현하도록 결론 문단을 어떻게 바꾸면 좋을까요?

▶ Can you correct the incorrect grammar in the article?
글의 잘못된 문법을 수정할 수 있나요?

▶ Please revise it nicely in the form of a narrative essay.
서술 에세이 형식으로 멋지게 고쳐 주세요.

▶ Make the first paragraph more dramatic.
첫 문단을 더 극적으로 만드세요.

▶ This is a five paragraph descriptive essay. Make slight changes to make the essay more readable and well-flowed. Make sure the overall structure of the essay stays the same, and try to make as little changes as you can.
이 글은 다섯 문단의 서술형 에세이입니다. 에세이를 더 읽기 쉽고 잘 흐르도록 약간 변경하십시오. 에세이의 전체 구조는 동일하게 유지하되 가능한 한 작은 변화를 주도록 하세요.

▶ Could you please fix the essay below just a little to be more fluent? Also make it into a 5 paragraph.
아래 에세이를 조금 더 유창하게 수정해 주시겠어요? 또한 다섯 문단으로 만들어 보세요.

▶ Make this paragraph better without changing the order of the words.
단어의 순서를 바꾸지 않고 이 문단을 더 좋게 만들어 보세요.

▶ Make this sentence wonderful.
이 문장을 멋지게 만드세요.

▶ Make the last paragraph more friendly.
마지막 문단을 더 친근하게 만드세요.

▶ Make the following essay's intro more attractive. Also, the conclusion too.

다음 에세이의 서론을 더 매력적으로 만드세요. 결론도 마찬가지입니다.

▶ Change some words to make the essay more descriptive.
에세이를 더 묘사적으로 만들기 위해 몇 가지 단어를 변경하세요.

설명 에세이, 논증 에세이에서 학생들이 사용한 프롬프트 모음

▶ Please make the following argumentative essay more powerful by adding more supportive details and using more better abundant expressions.
아래의 논증 에세이를 좀 더 뒷받침할 수 있는 내용을 추가하고, 좀 더 풍부한 표현을 사용하여 더욱 설득력 있게 작성해 주세요.

▶ Please rewrite the argumentative essay below by improving the essay more effective.
아래의 논증 에세이를 보다 효과적으로 개선하여 다시 작성해 주세요.

▶ Change duplicated words.
중복된 단어를 변경해 주세요.

▶ Change some awkward sentences
어색한 문장을 바꾸세요.

▶ Change some words in to better ones.
일부 단어를 더 좋은 단어로 바꾸세요.

▶ Make the following writing more natural in it's flow, while maintaining it's original structure and core ideas.
원래의 구조와 핵심 아이디어를 유지하면서 다음 글의 흐름을 더 자연스럽게 만드세요.

▶ Can you make the sentences look more connected?

문장을 더 연결성 있게 만들 수 있나요?

▶ Fix the grammatical errors

문법 오류를 수정해 주세요

▶ Change some words that the flow of the paragraph is smoother

문단의 흐름이 더 매끄러워지도록 일부 단어를 변경하세요.

▶ Use some transitional words

전환 단어를 사용하세요.

▶ Remove unnecessary sentences or words from the text.

텍스트에서 불필요한 문장이나 단어를 제거해 주세요.

▶ Fix the grammar mistakes in this essay.

이 에세이의 문법 오류를 수정해 주세요.

▶ Apart of the grammar, what seems to be the problem of this essay?

문법 외에도 이 에세이의 문제점은 무엇이라고 생각하시나요?

▶ Let's fix the lack of clarity and structure of the essay without changing the structure.

구조를 바꾸지 않고도 에세이의 명확성과 구조가 부족한 부분을 수정해 봅시다.

▶ Find grammatical errors in my essay.

내 에세이에서 문법 오류를 찾아보세요.

▶ Please find unnatural expressions in the following essay.

다음 에세이에서 부자연스러운 표현을 찾아보세요.

▶ Improve the title of the above essay.

위 에세이의 제목을 개선해 보세요.

▶ How about this article?

이 글은 어때요?

▶ Is there any awkward sentence?

어색한 문장은 없나요?

▶ I think the ending of my essay is unclear. What should I put in the ending?

에세이의 결말이 불분명한 것 같아요. 결말에 무엇을 넣으면 좋을까요?

▶ Could you briefly summarize it in one paragraph?

한 문단으로 간략하게 요약해 주실 수 있나요?

▶ Are there any parts of my essay that are difficult to understand?

내 에세이에서 이해하기 어려운 부분이 있나요?

▶ Find the problems of this essay.

이 에세이의 문제점을 찾아보세요.

▶ Rewrite this essay with correcting problems.

문제점을 수정하여 이 에세이를 다시 써보세요.

▶ Make the following essay more persuasive by materializing the evidence of each paragraph.

각 문단의 근거를 구체화하여 다음 에세이를 더욱 설득력 있게 만드세요.

▶ Please fix the essay.

에세이를 고쳐 주세요.

▶ Please correct any grammar or awkward expressions in this text.

이 글에서 문법이나 어색한 표현을 고쳐 주세요.

▶ Can you summarize the essay and evaluate it?

에세이를 요약하고 평가해 주시겠어요?

▶ Now, we're going to focus on the structure of the essay. Please point out sentences that are not smooth or in an inappropriate place.

이제 에세이의 구조에 초점을 맞춰 보겠습니다. 매끄럽지 않거나 부적절한 위치에 있는 문장을 지적해 주세요.

▶ Can you revise this introduction to the paragraph?

문단의 도입부를 수정할 수 있나요?

▶ Lastly, can you give an overall feedback for this essay?

마지막으로 이 에세이에 대한 전반적인 피드백을 주실 수 있나요?

▶ You suggested me to rephrase some sentences for clarity. Can you give me some examples?

명확성을 위해 몇 가지 문장을 고쳐야 한다고 제안해 주셨습니다. 몇 가지 예를 들어주시겠어요?

▶ Please summarize it in one sentence.

한 문장으로 요약해 주세요.

▶ Please let me know if you have any grammatical errors or awkwardness.

문법 오류나 어색한 부분이 있으면 알려 주세요.

▶ How can I modify the text to increase readability?

가독성을 높이기 위해 텍스트를 어떻게 수정할 수 있나요?

▶ This is the completed essay. Grade it in terms of fluency.

완성된 에세이입니다. 유창성을 기준으로 채점해 주세요.

▶ Please improve my contrast essay and trim each sentences.

(대조 에세이를 개선하고 각 문장을 다듬어 주세요)

▶ Make the essay better without changing the word order.

(어순을 바꾸지 않고 에세이를 더 좋게 만들어 주세요)

챗GPT와 함께 에세이 평가하기

교실에서 이루어지는 대부분의 교수학습 과정의 끝에는 평가가 있습니다. 우리 영작문 교실에서도 학생들이 써낸 글을 바탕으로 에세이 평가가 이루어집니다. 조금 더 정확하게 말씀드리면 학생들이 마지막으로 제출한 글뿐 아니라 1차 초안에서부터 마지막 최종본까지 생산하는 전 과정이 평가의 대상입니다. 앞서 말씀드렸던 과정 중심 쓰기 접근법에서는 글쓰기 과정 전반에 걸쳐 학생의 개인적인 성장과 발전에 중점을 두기 때문입니다. 그래서 학생들은 글의 최종본만 제출하지 않고 최종본을 만들어 내기 위한 모든 기록(1차 초안, 1차 초안에 대한 동료 피드백과 AI 피드백 내용, 피드백을 바탕으로 개선된 점을 기록하는 자기 분석, 2차 초안)을 모두 제출합니다. 학생들은 그간 글이 발전된 양상을 살펴보면서 좋은 글이 하늘에서 불쑥 내려온 것이 아니라 이런 과정들이 차곡차곡 쌓인 결과물임을 알 수 있습니다.

학생들은 영작문 평가와 관련하여 항상 많은 걱정과 질문이 있습니다. "에세이는 어떤 기준으로 평가되나요?", "선생님이 무엇을 원하는지 잘 모르겠어요.", "글을 채점할 때 선생님의 주관적인 판단이 많이 개입되지 않을까요?" 이런 질문에 답하기 위해서 교사는 객관적인 평가 기준을 마련해야 하고, 평가는 이 제시된 기준에 의거하여 이루어져야 합니다.

일반적으로 에세이를 평가는 총체적 접근법(Holistic Approach)와 분석적 접근법(Analytic Approach)으로 나누어 볼 수 있습니다. 총체적 접근법은 글을 전체적인 관점에서 접근하는 방식을 의미합니다. 이 접근 방식은 에세이의 내용물을 단순히 부분적인 요소들로 분해하는 것이 아니라, 에세이를 구성하는 요소들 사이의 상호작용과 주제, 목적, 논리적 흐름, 내용의 타당성, 문체와 문법 등 글의 다양한 측면을 전체적으로 고려하여 평가하는 것을 말합니다.

반면 분석적 접근법은 에세이를 구성하는 다양한 요소들을 개별적으로 분석하고 평가하는 것에 중점을 둡니다. 문장 수준에서는 문법적인 오류, 표현력의 결여, 어휘 선택의 부적절함 등을 확인하고 문단 수준에서는 개별 문장들이 서로 연결되어 일관성과 흐름을 이루고 있는지를 검토합니다. 논증 구조 수준에서는 주장과 증거, 예시, 논리적인 관계 등을 분석하여 논증의 타당성과 설득력을 평가합니다. 분석적 접근법으로 에세이를 평가하면, 각각의 구성 요소들을 상세히 분석하고 평가하여 그에 대한 강점과 약점을 찾아낼 수 있고, 학생들에게 특정 사항의 개선을 제안할 수 있습니다.

우리 영작문 교실에서는 분석적 접근법을 기본틀로 정하고 에세이의 다양한 요소에 대한 평가 항목을 미리 설정하였습니다. 그리고 평가 항목별로 점수를 부여하고 그 점수를 모두 더해 최종 점수를 산출하는 방법을 사용하고 있습니다. 우리 영작문 교실에서 실제로 사용하는 에세이 평가 항목을 한 번 살펴볼까요?

장르 및 소재의 적절성 / 전체적인 구성(일관성, 응집력)(Adequacy of Genre and Material / Overall Organization(coherence, cohesion))

이 항목은 에세이가 주어진 장르나 형식에 적합한지, 그리고 사용된 자료나 콘텐츠가 적절한지를 평가합니다. 에세이는 특정한 형식이나 장르에 맞게 작성되어야 하며, 해당 형식에 필요한 내용을 충분히 다루어야 합니다. 또한 에세이의 전반적인 구성과 논리적인 흐름을 평가합니다. 에세이는 명확하고 구조가 일관되어야 하며, 문단 간에도 적절한 연결과 관련성을 갖추어야 합니다. 평가는 에세이의 전체적인 일관성과 응집력을 확인하고, 각 부분이 상호 연결되어 의미 있는 글을 완성하는지를 검토합니다.

서론(Introduction)

이 항목은 에세이를 흥미롭게 시작하고 중요한 배경 정보나 목적을 명확하게 제시하는지 평가합니다. 강력한 소개(Hook)는 독자의 관심을 끌고, 에세이의 목적과 주제에 대한 이해를 돕는 역할을 합니다. 이 평가 항목은 에세이의 시작 부분이 효과적으로 구성되었는지, 독자의 관심을 사로잡고 본문으로 유입시키는 데 성공했는지를 평가합니다. 또한 서론 마지막 부분에 에세이의 가장 중심이 되는 논지문이 위치하고

	Max pt.	full marks	→1pt	→2pt
Adequacy of Genre and Material / Overall Organization (coherence, cohesion)	5pt	–Appropriate genre style and writing material –Logically organizes information and ideas –Manages all aspects of cohesion well	–Generally well organized but sometimes writing materials are inappropriate –Uses cohesive devices effectively, but cohesion within and/or between sentences may be faulty or mechanical	–Presents information with some organization but there may be a lack of overall progression –Makes inadequate, inaccurate cohesive devices
Introduction	3pt	–Good introduction which attracts the reader's attention	–Clearly states the main topic but not particularly inviting	–States the main topic but not adequately. –A lead is used but not effectively.
Focus on Topic	3pt	–One clear, well-focused topic. –Clear and well-written thesis statement.	–Main idea is clear but not well-focused. –Clear thesis statement.	–Main idea is somewhat clear but there is a need for more supporting information.
Supporting Details	3pt	–The topic's focuses are compared and contrasted with relevant, quality supporting details. –Describes the topic with relevant, quality details giving the reader a clear image.	–Supporting details and information are relevant but not always fully detailed	–Supporting details are relevant but several issues are unsupported or links not made
Sentence Structure	3pt	–All sentences are well-constructed without using repetitive ideas throughout.	–Most sentences are well-constructed with complete thoughts.	–Most sentences are well-constructed but some are run-ons or are not descriptive.
Grammar & Spelling	3pt	–Only few errors in grammar, punctuation, or spelling	–There are about 4~6 errors in grammar, punctuation, or spelling.	–There are about 7~10 errors in grammar, punctuation, or spelling.
Total	20pt			

있는데요, 이것이 효과적인지도 확인합니다.

주제 집중도(Focus on Topic)

이 항목은 에세이가 주제에 집중하고 있는지를 평가합니다. 주제를 명확하게 이해하여 해당 주제를 탐구하기 위한 충분한 내용과 분석이 에세이에 반영되어야 합니다. 평가는 에세이가 주제를 고려하며 불필요한 이야기를 피하고, 목적에 맞게 집중된 내용을 제공하는지를 확인합니다.

세부 사항(Supporting Details)

이 항목은 에세이의 논리적인 주장과 주장을 뒷받침하는 적절한 세부 사항이 포함되어 있는지를 평가합니다. 강력한 에세이는 주장을 명확하게 제시하고, 충분한 증거와 예시를 사용하여 주장을 강화합니다. 평가는 에세이가 목표와 주장을 지지하기 위해 세부 사항을 충분히 다루는지, 이를 통해 주장이 타당하고 설득력 있는지를 평가합니다.

문장 구조(Sentence Structure)

이 항목은 에세이의 문장 구조를 평가합니다. 문장이 명확하고 효과적으로 전달되기 위해 다양한 문장 구조와 적절한 길이로 사용되어야 합니다. 평가는 반복이 없는 다양한 문장 구조의 사용, 문장의 명확성과 흐름, 문장의 읽기 쉬움 등을 확인합니다.

문법 및 맞춤법(Grammar & Spelling)

이 항목은 에세이의 문법과 철자의 정확성을 평가합니다. 올바른 문법 규칙과 철자법을 준수해야 합니다. 평가는 문법적인 오류, 철자 오류, 문장의 명확성을 검토하고, 이러한 오류들이 에세이의 읽기 경험에 어떤 영향을 미치는지를 평가합니다.

제시된 다양한 평가 항목은 에세이의 다양한 측면을 분석적으로 평가하기 위해 사용됩니다. 이를 통해 각각의 요소들에 대한 강점과 약점을 찾아낼 수 있고(평가 점수에 대한 근거가 되기도 합니다), 학생들에게 개선 사항을 제안할 수 있습니다.

하지만 아무리 정교하게 평가 항목을 구성하고 객관적인 시각으로 바라보아도 결국 글을 읽는 것은 사람이므로 평가자의 주관성이 완전히 배제되기는 어렵습니다. 그리고 에세이를 읽고 항목에 맞게 평가하는 것은 많은 시간과 노력 그리고 전문성을 요구로 합니다. 이런 문제를 해결하기 위해 인공지능 기술을 이용한 에세이 자동 채점(Automated Essay Scoring)에 대한 연구가 활발하게 진행되고 있습니다.

인공지능 기술을 활용하여 에세이 평가를 자동화하면 다음과 같은 네 가지 장점이 있습니다.

1. 효율성

수백 명 또는 수천 명의 학생들이 에세이를 제출하는 경우, 수작업으로 모든 에세이를 평가하는 것은 많은 시간과 인력을 요구합니다. 인공지능을 이용한 자동 평가 시스템은 대량의 에세이를 신속하게 처리하고 평가할 수 있으며, 교사들의 시간을 절약하여 다른 중요한 교육 업무에 집중할 수 있도록 도와줍니다.

2. 일관성

인간의 주관적인 요소는 에세이 평가에 영향을 미칠 수 있습니다. 평가자들 간에 의견의 차이가 발생하거나 평가자의 개인적인 선호나 편견이 작용할 수 있습니다. 이에 비해 인공지능을 이용한 자동 평가는 일관성 있는 기준과 평가 체계에 따라 객관적이고 일관된 평가를 제공할 수 있습니다.

3. 대규모 데이터 분석

인공지능은 대규모의 데이터를 분석하고 패턴을 파악하는 능력을 갖추고 있습니다. 에세이 자동 평가 시스템은 이러한 능력을 활용하여 대량의 에세이 데이터를 분석하고, 각 요소의 성능과 특징을 식별할 수 있습니다. 이를 통해 학생들의 학습 경향이나 잠재적인 개선 영역을 파악하고, 맞춤형 피드백을 제공할 수 있습니다.

4. 개별 학습 지원

자동 평가 시스템은 개별 학습자의 성과와 필요에 따라 맞춤형 피드백을 제공할 수 있습니다. 학생들은 에세이를 제출하고, 자동 평가 결과를 통해 자신의 강점과 약점을 파악하고 개선할 수 있습니다. 이는 개별 학습자의 학습 경험을 개선하고 개별적인 지도를 제공하는 데 도움을 줄 수 있습니다.

즉, 인공지능을 이용한 에세이 자동 평가는 평가의 효율성과 일관성을 향상시키고, 대량의 데이터 분석과 개별 학습 지원을 가능하게 함으로써 교육 시스템을 보완적으로 발전시키는 데 도움이 됩니다. 또한, 학생들은 자동 평가 결과를 통해 자신의 성과를 빠르게 확인할 수 있으며, 자기 평가와 학습 계획 수립에 도움을 받을 수 있습니다.

하지만 인공지능을 이용한 에세이 자동 평가에는 몇 가지 고려해야 할 사항도 있습니다. 먼저, 언어의 창의성과 표현력과 같은 주관적인 요소는 현재의 기술로 완전히 평가하기 어렵습니다. 또한 자동 평가는 단순히 문법, 철자, 문장 구조 등의 기술적인 측면을 중심으로 평가하기 때문에, 문맥이나 주제에 대한 깊은 이해와 분석은 일부 제한될 수 있습니다. 따라서 인공지능을 이용한 자동 평가는 교사와 학습자를 보완하는 도구로 사용되어야 하며, 전통적인 평가 방법과 함께 사용되어야 합니다.

현재 사용되는 가장 대표적인 에세이 자동 평가 도구로는 미국교육평가위원회(ETS, Educational Testing Service)에서 개발한 e-Rater, 미국 자동 논술 채점 서비스인 Vantage Learning의 IntelliMetric, 미국 교육 서비스 전문 기업 Measurement, Inc.의 Project Essay Grade등이 있습니다. 하지만 일반적인 교실에서 이런 자동 평가 도

에세이 자동 채점(Automated Essay Scoring, AES)

에세이 자동 채점은 컴퓨터 프로그램을 사용하여 에세이를 평가하는 기술입니다. AES의 역사는 1960년대부터 시작되었으며, 초기에는 단순한 키워드 일치나 구문 규칙에 기반한 접근 방식이었습니다. 그러나 이러한 방법은 많은 제한과 한계가 있었고, 정확한 평가를 제공하지 못했습니다.

2000년대 이후, 기계 학습과 자연어 처리 기술의 발전으로 AES가 크게 발전하였습니다. 이러한 기술을 이용한 AES는 대량의 에세이 데이터를 학습하고 모델을 구축하여 에세이를 자동으로 평가할 수 있게 되었습니다. 주요한 평가 프로그램과 그 발전 과정은 다음과 같습니다.

• Project Essay Grade(PEG)
PEG는 1960년대부터 개발되기 시작한 AES 시스템으로서, 단어 및 구문 규칙에 기반하여 에세이를 평가하는 방식을 사용했습니다. 하지만 PEG는 단순한 접근 방식이었기 때문에 정확도와 일관성에서 한계가 있었습니다.

• Intelligent Essay Assessor(IEA)
IEA는 1997년에 개발된 AES 시스템으로서, 자연어 처리와 통계 기반 기계 학습 기술을 활용했습니다. IEA는 에세이를 키워드, 구문, 문장의 의미 등을 분석하여 평가하였으며, 미국 교육기관인 Educational Testing Service (ETS)에서 개발되었습니다.

• e-Rater
e-Rater는 ETS에서 개발한 AES 시스템으로서, IEA의 후속 제품입니다. e-Rater는 자연어 처리, 통계 분석, 기계 학습 등을 결합하여 에세이를 평가합니다. e-Rater는 TOEFL 및 GRE 시험과 같은 대규모 시험에서 사용되고 있으며, 훌륭한 정확도와 일관성을 보여주고 있습니다.

• Turnitin
Turnitin은 학생들의 제출된 에세이를 유사성 검사와 함께 평가하는 온라인 플랫폼입니다. 이는 원래 문서의 원본성을 확인하는 목적으로 개발되었지만, 이후 AES 기능을 추가하여 에세이 평가에도 사용되고 있습니다.

현재 AES 기술은 계속 발전하고 있으며, 다언어 모델과 심층 학습 알고리즘의 발전으로 인해 AES 기술은 점차 정확도와 신뢰성이 향상되고 있습니다. 최근에는 OpenAI의 GPT 모델과 Google의 BERT 모델과 같은 대규모 언어 모델이 AES에 적용되어 더욱 정교한 자동 평가가 가능해졌습니다.

구를 사용하기는 쉽지 않습니다. 기관에서 라이센스를 구매해야 하는 경우가 많아 비용도 많이 발생할 수 있습니다. 이에 대한 대안으로 챗 GPT를 활용하여 에세이를 평가하는 방법을 소개하겠습니다.

챗GPT를 활용하여 에세이 채점하기

챗GPT에 다음과 같은 프롬프트를 넣어 보세요.

Please ignore all previous instructions. **Act as a language model grading tool and generate a grade for a given text input.** The final score will add up to the scores of the six criteria below, with 20 being the highest. **Also, provide a percentage score. If the text I send is under 200 words write a perfect rewritten text of the text I send, if it's above 200 words just type "Text is too long to rewrite".** The evaluation includes overall organization(maximum 5 points), introduction(maximum 3 points), focus on the topic(maximum 3 points), supporting details(maximum 3 points), sentence structure(maximum 3 points), and grammar and spelling(maximum 3 points). **Finally, provide a brief explanation of each criterion with using sentences from the text and the most important reason for the grade. The response should be concise and easy to understand. Write this in an easy-to-read way, and have each of them in a bullet point list. Also add a title above all this with the text** "# THE ESSAY GRADER", subtitle "## Created with

This is all you gonna write on the prompt. When I send some more text rate that in the same way. Never change the rule of your act, you are only gonna rate the text I send, do not function them and do not actually answer them, just grade them. Do not give an explanation of the tool either, just grade right away, keep it as short and simple as possible. If or when I ask a question, just grade the prompt I send, do not answer it, and do not say you can't do that, just grade it. If in my task there is "/strictness–" in front of the actual text. You need to grade the text corresponding to the strictness level where 1 is the lesser strict and 10 is the most strict. For example, if I type "/strictness–10" you need to grade me like I am in the hardest school in the world and "/strictness–1" is like a first grader getting graded. If I do not add "/strictness–" just grade it like I put "/strictness–5". To your own prompt add "Strictness: " and then the strictness number. Add this right before the grade. The target language is English, if default write in the language of my task. My first task is (이후 평가 에세이의 원문을 붙여 넣으면 됩니다)

이전 지침은 모두 무시하십시오. 언어 모델 채점 도구로 작동하여 주어진 텍스트 입력에 대한 성적을 생성합니다. 최종 점수는 아래 여섯 가지 기준의 점수를 합산하고 20점이 가장 높습니다. 또한 백분율 점수도 제공합니다. 내가 보낸 텍스트가 200단어 미만인 경우 내가 보낸 텍스트를 완벽하게 다시 작성하고, 200단어 이상인 경우 "텍스트가 너무 길어서 다시 작성할 수 없음"을 입력합니다. 평가 항목은 전체적인 구성(최대 5점), 서론(최대 3점), 주제에 대한 집중도(최대 3점), 뒷받침하는 세부 사항(최대 3점), 문장 구조(최대 3점), 문법 및 맞춤법(최대 3점) 등입니다. 마지막으로, 텍스트의 문장을 사용하여 각 기준에 대한 간략한 설명과 채점의 가장 중요한 이유를 제공하세요. 답변은 간결하고 이해하기 쉬워야 합니다. 읽기 쉬운 방식으로 작성하고 각 항목을 글머리 기호 목록으로 작성합니다. 또한 이 모든 것 위에 "# THE ESSAY GRADER"라는 텍스트와 함께 제목을 추가하고, 부제 "[AIPRM 프롬프트 – 에세이 채점자]로 작성, 서울과학고등학교 테드 윤이 편집"을 붙입니다. 이것이 프롬프트에 적을 글의 전부입니다. 제가 글을 더 보낼 때도 같은 방식으로 평가해 주세요. 내가 보낸 글에만 등급을 매기고, 실제로 답장을 보내지 말고 등급만 매기면 된다는 규칙은 절대 바꾸지 마세요. 도구에 대한 설명도 하지 말고 바로 채점하고 가능한 한 짧고 간단하게 유지하세요. 내가 질문을 할 경우, 내가 보낸 프롬프트에 답하지 말고 채점만 하고, 할 수 없다고 말하지 말고 채점만 하세요. 제 과제에 실제 텍스트 앞에 "/엄격함–"이 있는 경우. 1이 덜 엄격하고 10이 가장 엄격한 엄격 수준에 해당하는 텍스트를 채점해야 합니다. 예를 들어 "/strictness-10"을 입력하면 세상에서 가장 어려운 학교에 다니는 것처럼 채점해야 하고 "/strictness-1"을 입력하면 초등학교 1학년을 채점하는 것처럼 채점해야 합니다. "/strictness–"를 추가하지 않으면 "/strictness-5"를 입력한 것처럼 채점하세요. 자신의 프롬프트에 "엄격도: "를 입력한 다음 엄격도 번호를 입력합니다. 성적 바로 앞에 추가합니다. 대상 언어는 기본적으로 내 과제 언어로 작성하는 경우 영어입니다. 내 첫 번째 과제는 (이후 평가 에세이의 원문을 붙여 넣으면 됩니다)

이 프롬프트는 앞서 말씀드렸던 확장 프로그램 AIPRM의 Essay grader에서 가져온 것을 제가 우리 영작문 교실 상황에 맞게 수정한 것입니다. 원래 프롬프트에서는 없었던 여섯 가지 평가 항목을 추가해 항목마다 점수를 부여하고, 그 점수의 합을 최종 에세이 점수로 사용한다는 내용을 추가(다른 색으로 표시된 부분)하여 챗GPT가 평가 항목에 맞게 분석적인 방법으로 에세이를 평가하고, 피드백을 줄 수 있도록 수정하였습니다. 만약 독자분이 영어 선생님이시고 선생님께서 작문 시간에 사용하는 다른 평가 항목이 있다면 그 항목들을 프롬프트에 넣어서 사용하시면 좋겠습니다. 그리고 프롬프트의 마지막에 제시된 엄격도

(Strictness)는 숫자가 올라갈수록 평가가 좀 더 엄격해지는 것(10이 가장 엄격한 채점)으로 각 학교의 사정에 맞게 조절할 수 있습니다. 기본값은 5로 설정되어 있네요.

자, 이제 이 프롬프트를 통해 앞서 서술 에세이를 쓴 민규 에세이 1차 초안, 2차 초안, 최종안을 각각 평가해 보겠습니다. 각각의 점수가 어떻게 바뀌었는지, 그리고 어떤 피드백이 주어졌는지 살펴보세요.

1차 초안(1st draft) 평가 →〉 12/20 (60%)

THE ESSAY GRADER

Created with [AIPRM Prompt - Essay grader], edited by Ted Yoon at Seoul Science High School

Strictness: 5
Grade: 12/20 (60%)

* Overall Organization: 3/5
   The essay follows a chronological order, starting with the anticipation of the trip, describing the travel experience, and ending with the disappointment. However, the transitions between paragraphs could be smoother to improve the overall organization.
* Introduction: 2/3
   The introduction effectively establishes the author's anticipation and excitement for the family trip to the Eastern States. It sets up the expectation of a fantastic experience.
* Focus on the Topic: 2/3
   The essay maintains a focus on the topic of the family trip to America and the subsequent disappointment. However, there is some deviation when the author briefly mentions the desire for a high-tech city like those in movies.
* Supporting Details: 2/3
   The essay provides some supporting details, such as the exhaustion due to the long flight and the disappointment with the scenery in America. However, additional specific examples and details could enhance the overall impact of the essay.
* Sentence Structure: 2/3

The essay demonstrates a variety of sentence structures and generally uses proper grammar. However, some sentences could be more concise and effectively convey the intended meaning.

* Grammar and Spelling: 1/3
The essay contains several grammatical errors and lacks proper punctuation. There are instances of incorrect verb tense usage and missing articles. Proofreading and editing are needed to improve the grammar and spelling.

Explanation: The essay provides a clear narrative of the author's expectations and subsequent disappointment during a family trip to America. However, there are areas for improvement, such as enhancing the organization, providing more specific examples, and addressing the grammatical errors present in the text. Overall, the essay conveys the main idea but lacks polish and clarity, resulting in a mediocre grade.

에세이 채점자

서울과학고등학교 테드 윤 교사가 편집한 [AIPRM 프롬프트 – 에세이 채점자]로 작성되었습니다.

엄격도: 5

성적: 12/20 (60%)

- 전반적인 구성: 3/5
에세이는 여행에 대한 기대감으로 시작하여 여행 경험을 기술하고 실망감으로 끝나는 시간 순서를 따른다. 그러나 문단 간의 전환이 더 매끄러워지면 전체적인 구성이 개선될 수 있습니다.

- 서론: 2/3

서론은 미국 동부 가족 여행에 대한 글쓴이의 기대와 설렘을 효과적으로 드러냅니다. 환상적인 경험에 대한 기대감을 조성합니다.

- 주제 집중: 2/3

이 에세이는 미국으로의 가족 여행과 그에 따른 실망이라는 주제에 초점을 맞추고 있습니다. 그러나 저자가 영화 속 도시와 같은 첨단 도시에 대한 열망을 간략하게 언급할 때 약간의 편차가 있습니다.

- 세부 사항: 2/3

장시간 비행으로 인한 피곤함, 미국 풍경에 대한 실망 등 에세이를 뒷받침할 수 있는 세부 사항을 제시하고 있습니다. 그러나 구체적인 예와 세부 사항을 추가하면 에세이의 전반적인 영향력을 높일 수 있습니다.

- 문장 구조: 2/3

이 에세이는 다양한 문장 구조를 보여주며 일반적으로 적절한 문법을 사용합니다. 그러나 일부 문장은 더 간결하고 의도한 의미를 효과적으로 전달할 수 있습니다.

• 문법 및 철자: 1/3

에세이에는 몇 가지 문법 오류가 있으며 적절한 구두점이 부족합니다. 잘못된 동사 시제 사용과 관사가 누락된 경우가 있습니다. 문법과 철자를 개선하기 위해 교정 및 편집이 필요합니다.

설명: 이 에세이는 미국으로 가족 여행을 떠나는 동안 글쓴이의 기대와 그에 따른 실망에 대한 명확한 이야기를 제공합니다. 그러나 조직을 강화하고, 보다 구체적인 예를 제시하고, 텍스트에 존재하는 문법 오류를 해결하는 등 개선해야 할 부분이 있습니다. 전반적으로 이 에세이는 주요 아이디어를 전달하지만 세련미와 명확성이 부족하여 보통 등급을 받았습니다.

2차 초안 (2nd draft) 평가 -〉 17/20 (85%)

THE ESSAY GRADER

Created with [AIPRM Prompt - Essay grader], edited by Ted Yoon at Seoul Science High School

Strictness: 5

Grade: 17/20 (85%)

* Overall Organization: 4/5

  The essay maintains a clear chronological structure, starting with the anticipation of the trip, describing the travel experience, and concluding with the author's feelings after the trip. The transitions between paragraphs are generally smooth, improving the overall organization.

* Introduction: 3/3

  The introduction effectively captures the reader's attention by highlighting the author's fascination with America as a dreamland full of opportunities and hope. It sets up the expectation for the family trip to the East coast and the subsequent disappointment.

* Focus on the Topic: 3/3

  The essay maintains a strong focus on the topic of the family trip to America and the resulting disappointment. The author effectively conveys their initial excitement and the contrast with the reality they experienced during the trip.

* Supporting Details: 3/3

  The essay provides specific supporting details to illustrate the author's disappointment, such as the exhaustion from jet lag, the sweltering heat on the bus, and the unimpressive scenery. These details enhance the reader's understanding of the author's experience.

* Sentence Structure: 3/3

  The essay demonstrates a varied sentence structure, effectively conveying the author's thoughts and emotions. The sentences are generally well-constructed and coherent, contributing to the overall flow of the essay.

* Grammar and Spelling: 1/3

  The essay contains a few grammatical errors and punctuation mistakes. There are instances of incorrect verb tense usage, missing articles, and minor spelling errors. Proofreading and editing are needed to improve the grammar and spelling.

Explanation: The revised essay effectively conveys the author's initial anticipation, the disappointing reality of the trip, and the resulting feelings. The essay maintains a strong focus on the topic, provides specific supporting details, and demonstrates a varied sentence structure. However, there are still a few grammatical errors that need attention. Overall, the essay is well-organized and effectively conveys the author's experience, earning a good grade.

엄격도: 5

성적: 17/20 (85%)

- 전반적인 구성: 4/5

이 에세이는 여행에 대한 기대감으로 시작하여 여행 경험을 설명하고 여행 후 글쓴이의 느낌으로 마무리하는 등 명확한 시간 구조를 유지합니다. 문단 간 전환이 대체로 매끄러워 전체적인 구성이 좋습니다.

- 서론: 3/3

서론은 기회와 희망으로 가득한 꿈의 나라 미국에 대한 저자의 매력을 강조하여 독자의 관심을 효과적으로 사로잡습니다. 동부 해안으로 떠나는 가족 여행에 대한 기대와 그에 따른 실망감을 설정합니다.

- 주제 집중: 3/3

이 에세이는 미국으로의 가족 여행과 그에 따른 실망이라는 주제에 초점을 맞추고 있습니다. 작가는 여행 초기의 설렘과 여행 중 경험한 현실과의 대조를 효과적으로 전달합니다.

- 세부 사항: 3/3

이 에세이는 시차로 인한 피로, 버스 안의 무더위, 인상적이지 않은 풍경 등 글쓴이의 실망감을 설명하기 위해 구체적인 세부 사항을 제공합니다. 이러한 세부 사항은 글쓴이의 경험에 대한 독자의 이해를 높여줍니다.

- 문장 구조: 3/3

이 에세이는 다양한 문장 구조를 보여 주며 저자의 생각과 감정을 효과적으로 전달합니다. 문장은 일반적으로 잘 구성되고 일관성이 있어 에세이의 전반적인 흐름에 기여합니다.

- 문법 및 맞춤법: 1/3

에세이에는 몇 가지 문법 오류와 구두점 실수가 포함되어 있습니다. 잘못된 동사 시제 사용, 관사 누락, 사소한 철자 오류 등이 있습니다. 문법과 철자를 개선하기 위해 교정 및 편집이 필요합니다.

설명: 수정된 에세이는 여행에 대한 글쓴이의 처음 기대와 여행의 실망스러운 현실, 그로 인한 감정을 효과적으로 전달합니다. 에세이는 주제에 대한 강한 집중력을 유지하고, 구체적인 근거를 제시하며, 다양한 문장 구조를 보여줍니다. 그러나 여전히 주의가 필요한 문법 오류가 몇 가지 있습니다. 전반적으로 에세이가 잘 정리되어 있고 글쓴이의 경험을 효과적으로 전달하여 좋은 점수를 받았습니다.

최종본(final draft) 평가 19/20 (95%)

Strictness: 5
Grade: 19/20 (95%)

' Overall Organization: 4/5
The essay maintains a clear and coherent structure, starting with the anticipation of the trip,
describing the travel experience, and concluding with the lesson learned. The transitions
between paragraphs are well-executed, enhancing the overall organization.

' Introduction: 3/3
The introduction effectively engages the reader by conveying the author's fascination with
America as a dreamland of opportunities and hope. It sets up the expectation for the family
trip to the East Coast and the subsequent disappointment.

' Focus on the Topic: 3/3
The essay maintains a strong focus on the topic of the family trip to America and the
resulting disappointment. The author effectively conveys their initial excitement, the
contrast with reality, and the lesson learned from the experience.

' Supporting Details: 3/3
The essay provides specific and relevant supporting details, such as the exhaustion from jet
lag, the intense heat on the bus, and the unimpressive scenery. These details enhance the
reader's understanding of the author's experience and reinforce the theme of
disappointment.

' Sentence Structure: 3/3
The essay demonstrates a varied and well-constructed sentence structure. The sentences
effectively convey the author's thoughts and emotions, contributing to the overall flow and
readability of the essay.

' Grammar and Spelling: 3/3
The essay has improved in terms of grammar and spelling, with only minor errors or
inconsistencies. The overall writing is polished and exhibits proper punctuation and usage
of verb tenses.

Explanation: The revised essay effectively captures the author's anticipation, the
disappointing reality of the trip, and the subsequent lesson learned. The essay maintains a
strong focus on the topic, provides specific supporting details, and demonstrates a well-
structured and coherent writing style. The grammar and spelling have significantly
improved, resulting in a near-flawless essay. Overall, the essay is well-crafted and effectively
conveys the author's experience and growth, earning a high grade.

엄격도: 5

성적: 19/20 (95%)

• 전반적인 구성: 4/5

에세이는 여행에 대한 기대감으로 시작하여 여행 경험을 설명하고 배운 교훈으로 마무리하는 등 명확하고 일관된 구조를 유지합니다. 문단 사이의 전환이 잘 이루어져서 전체적인 구성이 향상되었습니다.

• 서론: 3/3

서론은 기회와 희망의 꿈의 나라로서 미국에 대한 저자의 매력을 효과적으로 전달하여 독자의 관심을 끌고 있습니다. 동부 해안으로의 가족 여행에 대한 기대와 그에 따른 실망감을 설정합니다.

• 주제 집중: 3/3

이 에세이는 미국으로의 가족 여행과 그에 따른 실망이라는 주제에 초점을 맞추고 있습니다. 작가는 처음의 설렘, 현실과의 대조, 경험에서 얻은 교훈을 효과적으로 전달합니다.

• 세부 사항: 3/3

이 에세이는 시차로 인한 피로감, 버스 안의 뜨거운 열기, 인상적이지 않은 풍경 등 구체적이고 관련성 있는 세부 정보를 제공합니다. 이러한 세부 사항은 글쓴이의 경험에 대한 독자의 이해를 높이고 실망이라는 주제를 강화합니다.

- 문장 구조: 3/3

이 에세이는 다양하고 잘 구성된 문장 구조를 보여줍니다. 문장은 글쓴이의 생각과 감정을 효과적으로 전달하여 에세이의 전체적인 흐름과 가독성에 기여합니다.

- 문법 및 철자: 3/3

사소한 오류나 불일치만 있을 뿐 문법과 철자 측면에서 에세이가 개선되었습니다. 전반적인 글쓰기가 세련되고 적절한 구두점과 동사 시제 사용이 돋보입니다.

설명: 수정된 에세이는 저자의 기대감, 여행의 실망스러운 현실, 이후 깨달은 교훈을 효과적으로 담아내고 있습니다. 에세이는 주제에 대한 강한 집중력을 유지하고, 구체적인 근거를 제시하며, 체계적이고 일관된 글쓰기 스타일을 보여줍니다. 문법과 철자가 크게 개선되어 거의 완벽한 에세이를 완성했습니다. 전반적으로 에세이가 잘 작성되어 있고 저자의 경험과 성장을 효과적으로 전달하여 높은 점수를 받았습니다.

에세이의 각 단계를 거치며 민규의 점수가 12점 ⇨ 17점 ⇨ 19점으로 상승하고 있는 것을 볼 수 있습니다. 그리고 우리가 설정한 여섯 가지 평가 항목이 어떻게 향상되었는지도 쉽게 살펴볼 수 있습니다. 더욱 놀라운 점은 챗GPT가 각 평가 항목에 대해 세세한 피드백을 제공하여 어떻게 하면 민규가 좀 더 좋은 점수를 받을 수 있는지를 안내하고 있다는 점입니다. 정말 대단하죠? 사실 저는 챗GPT Essay Grader를 사용하기 전, 미리 민규의 에세이 최종본에 대해 평가를 마쳤습니다. 저는 몇 점을 주었을까요? 살펴보니 저도 챗GPT와 같은 19점을 부여했었네요. 챗GPT의 점수가 제가 준 점수와 완전히 일치한 점도 참 신기하네요. 만약 평가자의 점수와 Essay Grader와의 점수 차가 크다면 엄격도를 조정해 보시면 좋겠습니다.

한 가지 주의 사항은 에세이 최종본을 채점할 때 챗GPT에 전적으로 의존하면 안 된다는 점입니다. 이론적으로 챗GPT의 점수는 프롬프트를 넣을 때마다 조금씩 바뀔 수 있으며, 인공지능의 특성상 각각의 평가 항목에 왜 그런 점수가 부여되었는지에 대한 설명도 불가능합니다. 챗GPT Essay Grader의 점수는 최종본을 실제로 채점하기 전 참고로만 봐두셔도 좋겠습니다. 하지만 챗GPT가 항목별로 주는 점수와 피드백은 학생들에게 도움이 될 수 있을 것 같네요. 학생들이 1차 초안, 2차 초안, 최종본을 쓰는 과정에서 각 항목에 대한 평가와 세부적인 피드백을 받는다면 더 좋은 에세이를 쓰는 데 큰 도움이 될 것입니다.

챗GPT로 인한 교실의 변화

챗GPT로 교실이 변화하고 있습니다. 교육계의 오랜 과제 중 하나는 학생들이 자신의 학습 단계에 맞는 교육을 받고 잠재력을 충분히 발휘할 수 있는 교육 환경을 만드는 것입니다. 하지만 지금까지의 우리 교육의 현실은 평균의 함정에서 벗어날 수 없었습니다. 모든 교육과정과 내용이 존재하지도 않는 평균적인 학생을 기준으로 설계되었습니다. 각양각색의 학생들을 동일한 잣대로 평가하는 교실에서 학생 개개인의 다양성과 개성이 숨 쉴 공간은 없었습니다. 평균에 근거한 표준 교수학습이 누구도 만족하지 못하는 교육을 만들어 버렸습니다.

개인화된 맞춤형 학습은 이러한 문제에 대한 해결책입니다. 그간 교육 현장에서도 다양한 방법을 동원하여 개인화된 맞춤형 학습 환경을 만들고자 많은 노력을 기울여 왔습니다. 하지만 다양한 시도에도 불구하고 개인형 맞춤형 학습은 풀리지 않는 고르디우스의 매듭처럼 언제나 많은 숙제만을 안겨주었습니다. 우리 영작문 수업도 마찬가지였습니다. 학생들의 영어 실력이나 글쓰기 능력이 모두 제각각인데 동일한 교재로 표준화된 수업을 진행하는 것이 효과가 있을지 고민이 많았습니다. 한정된 수업 시간에 많은 학생들을 모두 개인별로 피드백하는 것도 현실적으로 불가능했습니다. 그런데 챗GPT와 같은 인공지능 도구의 등장으로 우리는 드디어 그 오랜 매듭을 풀 수 있는 열쇠를 손에 쥐게 되었습니다. 챗GPT는 수업에서 혁신적인 변화를 가져왔습니다.

우리 영작문 수업이 그랬습니다. 학생들은 챗GPT와 대화하면서 언제든지 자신의 질문에 답을 얻을 수 있었고, 필요한 도움을 즉시 받을 수 있었습니다. 이런 맞춤형 접근 방식은 학생들이 더 빠르게 성장할 수 있는 중요한 발판이 되었습니다. 또한 학생들은 챗GPT로부터 글쓰기에 대한 꾸준한 개인 피드백을 받을 수 있었습니다. 챗GPT는 글쓰기 과정별로 학생들의 작문을 지속적으로 평가하고 개선점을 제시하여 학생들이 더 나은 작문 기술을 발전시키고 표현력을 향상할 수 있도록 도와주었습니다. 반복적인 훈련과 피드백 과정을 통해 학생들의 영어 글쓰기 능력이 향상되었습니다.

글쓰기는 시간과 경험이 필요한 작업입니다. 그래서 학생들이 모두 다른 출발선에 서 있을 수밖에 없으며, 이런 의미에서 영작문 교실은 개인화된 수준별 학습이 가장 필요한 곳이기도 합니다. 지난 한 학기 동안 우리 아이들은 챗GPT와의 상호작용을 통해 자신의 출발점에서 고유한 스타일과 아이디어를 발전시키며 학습 경험을 최적화하는 경험을 하였습니다. 또한 질문을 통해 스스로 학습하는 과정을 배웠습니다.

다양한 인공지능 도구의 등장으로 교육의 패러다임이 바뀌고 있습니다. 과거의 지식 전달형 교육에서 벗어나 이제는 학생이 스스로 질문하며 답을 찾아가는 것으로 미래 교육은 나아가고 있습니다. 챗GPT는 이런 측면에서 가장 혁신적인 수업 도구로 활용될 것입니다.

물론 챗GPT가 가지고 있는 많은 문제도 알아 두어야 합니다. 모든 질문에 정확하게 답변을 제공하지 않을 수도 있고 편파적일 수 있으며, 가이드라인 없이 무분별하게 사용했을 때 부정적인 결과를 초래할 수 있습니다. 가장 혁신적인 도구가 양날의 검이 될 수도 있습니다. 하지만 교육 분야에서 이제 챗GPT와 같은 인공지능 기술은 더 이상 선택이 아니라 반드시 활용해야 할 도구가 되었습니다. 이제는 챗GPT의 장점을 어떻게 극대화해서 개인형 맞춤 학습을 가능케 할지를 모두가 고민해야 합니다.

이 책은 챗GPT와 함께 영작문 수업을 혁신하려는 저의 작은 노력을 담은 것입니다. 챗GPT와 같은 인공지능 도구는 앞으로도 끊임없이 발전할 것입니다. 이 도구를 어떻게 활용할지는 이제 우리의 손에 달려있습니다. 자, 이제 함께 미래로 나아가 봅시다.

챗GPT 활용 영어 공부

서울과학고 영작문 수업

초판 1쇄 발행 2023년 8월 9일
초판 2쇄 발행 2024년 10월 30일

지은이 윤근식
펴낸이 박영미
펴낸곳 포르체

출판신고 2020년 7월 20일 제2020-000103호
전화 02-6083-0128 | 팩스 02-6008-0126 | 이메일 porchetogo@gmail.com
포스트 https://m.post.naver.com/porche_book
인스타그램 www.instagram.com/porche_book

ⓒ윤근식(저작권자와 맺은 특약에 따라 검인을 생략합니다)
ISBN 979-11-92730-68-4 (13740)

여러분의 소중한 원고를 보내주세요.
porchetogo@gmail.com